市民とジェンダーの核軍縮

―核兵器禁止条約で変える世界―

川田 忠明 著

新日本出版社

はじめに

本書のテーマは「核兵器廃絶にむけて、世界の構造変化のもとで市民社会が果たす役割とジェンダー観点の重要性」です。しかし、こんなに長いと本のタイトルになりません。しかも、内容がそれなりに「お堅い」ので、よけいに敬遠されてしまいます。ということで「市民とジェンダーの核軍縮」という、ちょっと無理して縮めたタイトルになっています。

私がはじめて広島と長崎を訪れたのは、大学に入ってすぐの一九七八年の原水爆禁止世界大会でした。「原爆について一応の知識はある」と思っていましたが、それは大きな間違いでした。被爆者が語る話は、いまだかつて聞いたことのないもので、人間とは何か、という根本的な問題を突き付けられた気がしました。峠三吉の『原爆詩集』に《にんげんをかえせ》という作品があります。死んだ者の命ではなく、人間そのものを返せ、という叫びに、私は心を捕らえられました。以来、四〇年余りにわたって、濃淡はありましたが、原水爆禁止日本協議会や日本平和委員会、さらには日本共産党の一員として、反核平和運動にたずさわってきました。

二〇一七年に成立した核兵器禁止条約は、実は長い歴史の「産物」です。そのことについて語ることは、自分の「歴史」をふり返ることでもありました。私は一九八二年の第二回国連軍縮特別総会に参加し、はじめてニューヨークの国連本部に足をふみ入れました。右も左もわからず、配布してもらうための文書を事務局に届けるために、建物のなかを右往左往した記憶だけが残っています。

以後、何度も国連の会議を傍聴することで、外交官たちの晦渋《かいじゅう》なものの言い方も理解できるようになりました。二〇一七年の核兵器禁止条約の国連会議では、日本共産党の代表団の一員として活動し、その熱気にあふれる交渉を目撃することができました。市民社会が世界を動かすまでになった歴史をふり返ると、いろいろな意味で厳しい状況にある今でも、未来への希望と確かな展望を再確認することができます。

戦争のない世界とは、性差別のない世界である――私がジェンダー問題を平和運動の課題として重視してきた理由が、ここにあります。核兵器をジェンダー観点でとらえることの重要性が、核兵器禁止条約の交渉をめぐってうきぼりになりました。平和にとって、ジェンダー観点が欠かせないことが、日本でも議論されはじめています。今回、平和運動の立場から、ジェンダー観点の重要性を、ある程度まとまった形で述べることができました。これが今後の議論や活動に少しでも役に立てば幸いです。本書の冒頭には、今日のパンデミックによる危機のもとでの核兵器廃絶の重要性を考えてみました。また、最後には、野党連合政権が核兵器禁止条約に参加する場合に、考えなければならない問題をとりあげました。

本書の執筆にあたって、適切で有益な助言をくださった編集部の角田真己さんと、パートナーの尾崎美緒さんに心から感謝を申し上げます。

二〇二〇年八月末日

著者

目次

※本文中に引かれた傍線、下線はすべて著者によるものです。

第1章　パンデミックから学ぶこと

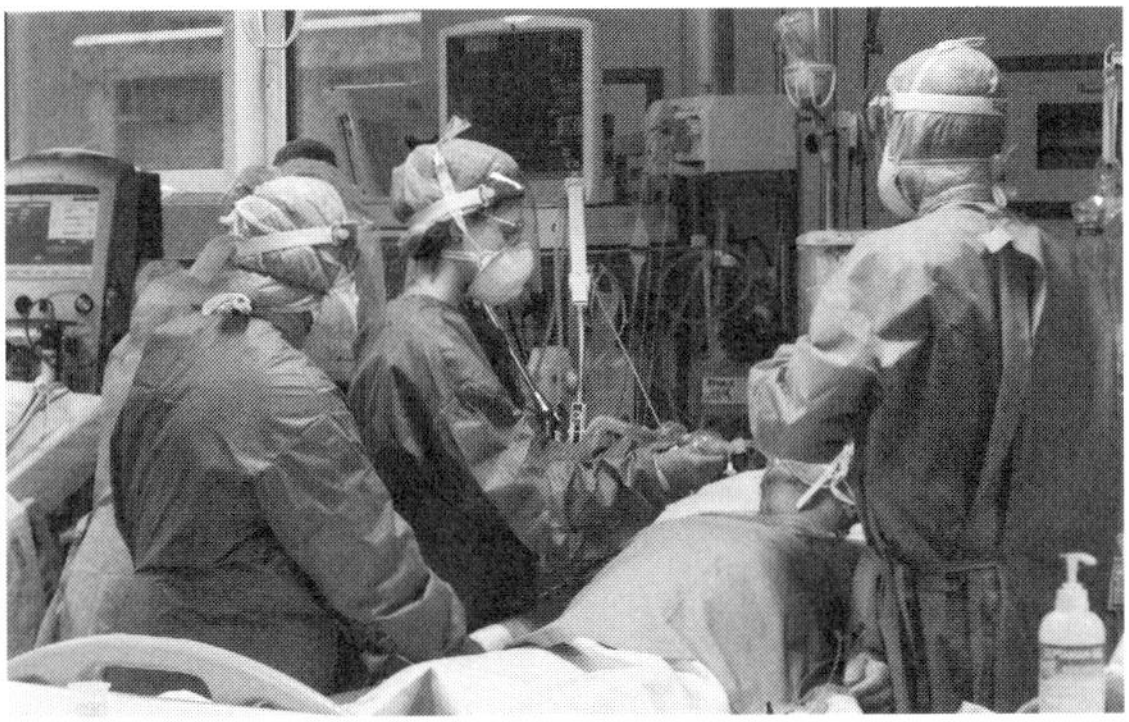

新型コロナウイルス感染症の治療にあたるイタリア・ブレシアの病院スタッフ（2020年3月26日、EPA＝時事）

「ヤレヤレ無残なことだ、皇帝もビダ族も王蟲《オーム》を甘くみすぎとる。王蟲は神聖な不可触の生物《いきもの》だと忠告したのじゃが」

これは宮崎駿の《風の谷のナウシカ》に出てくるマニ族僧正の台詞です。* 映画では「大ババ」に投影されている人物です。「皇帝」は戦で、蟲《むし》や瘴気《しょうき》（病を起こす毒気）を兵器として使用しますが、その結果、国土の大半を巨大な菌類がはびこる広大な樹海（腐海《ふかい》）にのまれてしまいます。王蟲とは巨大な蟲で、怒りや憎しみに駆られると、大群をなして暴走し、地上のものをブルドーザー的に破壊し尽くしてしまうのです。

＊　アニメージュ　コミックス　ワイド版第二巻七五ページ。

危険を知る者の忠告を「甘く」みたために、大惨事を招くというのは、今日の私たちにとっても、他人事ではありません。

敗戦・被爆七五周年の二〇二〇年に、新型コロナウイルスのパンデミックにみまわれるとは誰も考えてもいなかったでしょう。しかし、多くの学者や感染症に対処してきた医師たちは、これまでも新たなウイルスのパンデミックをくり返し警告していたのです。

1 「危険を知る者」の声

二〇〇九〜一〇年に新型インフルエンザが世界的大流行となったとき、日本でも有識者会議が報告書を出し（二〇一〇年六月）、こう述べました。「新型インフルエンザ発生時の危機管理対策は、発生後に対応すれば良いものではなく、発生前の段階からの準備、とりわけ、新型インフルエンザを含む感染症対策に関わる人員体制や予算の充実なくして、抜本的な改善は実現不可能である」*。

＊　新型インフルエンザ（A/H1N1）対策総括会議・報告書（二〇一〇年六月一〇日）。

しかし、この提言にふさわしい取り組みはおこなわれませんでした。医療と福祉の予算は削減され、保健所は減らされていきました。厚労省新型コロナウイルス対策本部の幹部は、当時を振り返って「危機意識が続かなかった」と言い、財務省の幹部は「財政状況を考えれば、平時に不要な人員を抱えておくことは現実的ではない」と述べています*。「甘く見すぎていた」ということです。

＊　朝日新聞二〇二〇年六月二三日付。

日本を含め多くの国の為政者が、新しい感染症の脅威を熟知する専門家の声に耳をかたむけず、経済効率、利益の極大化に没頭し、医療や福祉を削減するなど、新自由主義的な政策をおしすすめてきたのです。最大の責任は、警告を無視し続けた政治にあります。

人類が直面する世界的な脅威は、感染症だけではありません。気候変動、格差の拡大、天然資源の枯渇などについて、専門家がくり返し警鐘をならし、その被害者が危険を告発しています。なかでも、「それ」が起きたら、即座に地球的規模で、取り返しのつかない結果になるのが、核兵器の使用です。

広島と長崎の被爆者たちは、核兵器が一発でも使用されれば、破滅的な結末をもたらすこと、「核兵器は人類と共存できない」ことを、自らの体験をとおして訴えつづけてきました。ビキニ被災をはじめ世界の核実験の被害者も同様です。広島と長崎では、原爆が投下された一九四五年の末までに約二一万人が亡くなりました。今日、核兵器の威力は当時よりもはるかに大きく、ミサイルは瞬時に標的に届きます。核兵器の応酬がおこなわれれば、今日その犠牲者は、数千万、数億という数字になるでしょう。

核兵器の危機を知る、これらの人々の声に耳をかたむけ、ただちに行動すべきことを、パンデミックの教訓は私たちに教えています。

2　いまここにある核兵器の脅威

■他の兵器と何が違うのか

赤十字国際委員会の駐日代表であったマルセル・ジュノー医師は、広島の被爆者救援にあたった最初の外国人医師でした。論文『広島の惨状』（一九八二年）の中で、彼が出会った被災者の話を次のように記しています。

爆発後数秒で「町の中心部の通りや庭にいた数千の人々は高熱の衝撃波の直撃で小さな虫のように死んだ。他の人々は無残に焼け焦げ、毛虫のように身をよじらせて倒れた。民家や商店などは超自然的な力でなぎ倒されるように消えた。路面電車は、軽々と一〇〇ヤード（約九一メートル）も飛ばされ、列車はレールから跳ね飛ばされていた……。生きているものは痛みに耐えかねて体をのけぞらせていた」。

医療施設も医師も物資も決定的に不足していました。広島市内の医師三〇〇人のうち二七〇人、看護師一七〇〇人のうち一六五四人、一四〇人の薬剤師のうち一二七人が死亡していました。ジュノー医師が訪れた日本赤十字病院の建物は奇跡的にもほぼ無傷でしたが、医療設備は破壊され、スタッフも三分の二が死亡していました。献血者もおらず、輸血もできませんでした。一日目に同病院に避難してきた一〇〇〇人の患者のうち六〇〇人はすぐに絶命したそうです。

赤十字国際委員会（ICRC）ヤコブ・ケレンベルガー総裁（当時）は次のように述べています。

「核兵器使用がもたらした苦痛は救急・医療・救援施設の破壊によって指数関数的に増加します。のみならず、核兵器によって生じた放射線による人間への影響は、核爆発の後何年も人々を苦しめることになります。生存者にとっては、脱水症状と消化器への損傷による下痢、致死性の感染症そして骨髄圧迫による出血が初期における生命への脅威となるでしょう。これらの危機を脱したとしても、彼らはある種の癌《がん》の進行というリスクや次世代の遺伝障害という大きな脅威に直面します。こうして、時を経ても多くの生命が失われてゆきます。広島と長崎では被爆後五年間に死亡率は二～三倍に上昇しました」。*

＊　二〇一〇年四月二〇日、スイス・ジュネーブ。

核兵器は、熱線（広島・爆心地の地表温度は三〇〇〇～四〇〇〇度）、爆風（広島・爆心地から五〇〇メートルの場所で、一平方メートルあたり一九トンの風圧）とともに、強力な放射線を放出することが大きな特徴です。ただ、これらは核兵器の「性能」であって、これらが実際にどのような被害をひきおこすのかが重要な点です。

一九七七年、国際的なNGOと日本の医師や研究者、市民団体などによってNGO被爆問題シンポジウムが開かれました。約一万人の被爆者を対象とした大規模な調査に基づいて報告書がつくられ、原爆被害の特徴を以下の五点にまとめています。*

1　瞬時奇襲性―市民に逃げる余裕すらなく被害を与える。
2　無差別性―戦闘員・非戦闘員の区別なく、市民を広範囲にわたって無差別に殺害する。
3　根絶性―自然、社会、文化、経済のあらゆる環境を徹底的に破壊しつくす。
4　全面性―生存者に心身の傷害のみならず、社会的、経済的差別など、生活のあらゆる面で被害を与え、人間らしく生きることを否定する。
5　持続拡大性―傷害は治癒《ちゆ》せず、長期に心身を蝕《むしば》む。さらにその子孫が健康不安にさらされるなど、世代をこえる影響がある。

＊『被爆の実相と被爆者の実情―1977 NGO被爆問題シンポジウム報告書』編集・日本準備委員会、発行・朝日イブニングニュース社、一九七八年。

赤十字国際委員会によると、核兵器、放射能兵器、化学・生物兵器による被害者に対する救援能力を持っている国は、「ほとんど存在せず、現実的な体系的計画もほとんど存在しません」*1。そして、こう警告します。「核兵器の使用の結果と核兵器には、ICRCの目指す人道支援という任務を実行不可能なものにする力が潜在している」*2。救援すら不可能となる非人道的結末をもたらすのが核兵器なのです。

＊1、2　いずれも前掲、赤十字国際委員会総裁。

■すぐ発射できる状態にある

今日の核兵器には、広島、長崎の原爆を凌《しの》ぐ破壊力があります。それがもたらす被害は、はるかに甚大なものになるでしょう。そして、いま深刻なことは、核大国の指導者がそれを使うことへのためらいをなくしつつあることです。しかも、多くの核ミサイルが、すぐにでも発射できる状態にあります。

かつてアメリカとソ連は、相手の核攻撃を察知したら、すぐに（数分以内に）核攻撃できる態勢をとっていました。相手のミサイルが到達して、政治の中枢や軍事組織が破壊される前に、相手に核で反撃することが目的です。これは「警戒即発射」（launch on warning）と呼ばれました。しかし、ソ連が崩壊したあとも、米ロはこの高度な警戒態勢を維持しているのです。米国、ロシア、フランス、イギリスの四カ国の合計で推定一八六九発が警戒態勢にあり、その九四パーセントにあたる一七四九発を米ロが占めているとされます。*

* Hans M. Kristensen; "Alert Status of Nuclear Weapons" (Version 2), April 21, 2017. Federation of American Scientists.

高度警戒態勢では、短時間で反撃できるように、自動化されている部分も多く、人為的な間違いや機器の故障などでミサイルが発射されてしまうリスクもあります。「そのつもりはなかった」のに、偶発的なミスで核戦争が起きかねません。イギリスの王立国際問題研究所が、機密解除された文書や当事者の証言などを分析したところ、一九六二年以降、間違って核兵器を発射する直前にまで至った事例が少なくとも一三回ありました。* 核兵器にかかわる「事故」は多くの場合、トップシークレットですから、実際にはこれよりも多くの危険な事態があったにちがいありません。王立国際問題研究所は、これだけ危機的な状況がありながら、核戦争がおきなかったことについて、「世界は確かに幸運であった」と述べています。

* "Too Close for Comfort: Cases of Near Nuclear Use and Options for Policy", 28 April 2014.

意図せずに核戦争がはじまりかねないというのは、恐るべきことです。それにくわえて深刻なことは、核兵器を使おうとする意識が高まっていることです。

アメリカは二〇一八年二月に発表した核戦略（「核態勢見直し」）で、核兵器をより使いやすくする方針を打ち出しました。通常兵器で攻撃された場合や「サイバー攻撃」にも核で反撃できるようにしました。そのための小型（低威力）の核兵器を開発し、配備をすすめています。艦船や潜水艦から発射する弾道ミサイルや核巡航ミサイルなどが、それです。無法な先制攻撃*を繰り返すこの国が、核兵器を使用する姿勢を強めていることが重大です。

* 最近ではシリアへの巡航ミサイル攻撃（二〇一七〜一八年）、イラン革命防衛隊幹部の空爆、殺害（二〇二〇年一月）など。

ロシアも、核兵器を使う姿勢を強めています。プーチン大統領は二〇二〇年六月二日、核使用の方針「核抑止力の国家政策指針」に署名しました。そこでは、▽核兵器など大量破壊兵器での攻撃があった場合、およびそれが確実視されるとき、▽国家の存続を脅かす通常兵器での攻撃があった場合、▽ロシアの核施設などに攻撃があった場合に、核兵器で攻撃できるとしています。いずれも、その判断は、大統領にゆだねられています。

中国はある時期まで、核兵器を禁止する条約を求めていましたが、今は「禁止条約」に反対しています。「核抑止力と反撃能力を強化するために」（新華社、二〇一六年一月一日）人民解放軍にロケット軍が設立されて以降、核兵器を発射する態勢が強化されたといわれます。

インド・パキスタン両国の緊張も深刻です。インドは、核兵器を搭載できる長距離弾頭ミサイルを開発中で、パキスタンも、小規模な紛争で使用する短距離の核ミサイルを開発しているといわれます。二〇一九年二月、インドが「テロ攻撃」の報復として、パキスタンを空爆し、緊張が高まりましたが、地域紛争が核戦争にまでエスカレートしかねない状況があります。

核兵器は広島と長崎へのアメリカの原爆投下以降、実戦では使われていません。それは世界の反核世論のおかげです。同時に、七五年以上も核兵器が一度も使われなかったのは、幸運だったともいえます。私たちやその子孫の命を、ひきつづき「運」にゆだねることはできません。

■核爆発による気候変動

核兵器の使用は、攻撃された場所が破滅的被害を受けるだけではありません。現在ある核兵器のごく一部が爆発しただけでも、世界的な気候変動を引き起こすといわれています。すでに、地球温暖化や自然災害など気候変動の影響がでています。真夏日も年々増えており、何も手を打たなければ二一世紀末に、東京では一年の三分の一近くが真夏になるという予測まであります。[*] 加えて、核兵器の爆発では、億単位で餓死者が出ると警告する研究があいついでいます。

＊ 気象庁「地球温暖化予測情報第九巻」（二〇一七年三月）によると、東日本太平洋側で、真夏日は四五～六一日増加し、現在の五五日（二〇一九年）を加えると、一〇〇～一一六日になります。

その一つが、核戦争防止国際医師会議（ＩＰＰＮＷ）と社会的責任のための医師（ＰＳＲ）が共同で発表した《核の飢饉《ききん》：二〇億人が危険に？――限定核戦争の農業、食糧供給、人間の栄養についての地球的影響》（二〇一三年一〇月）です。[*] 同報告は、一〇〇発の核兵器使用によって大気圏にまきあげられた粉塵《ふんじん》で気候変動がおき、農作物の不作などにより年平均一一億四〇〇〇万人が栄養失調になり、一〇年間で二〇億人が餓死の可能性があるという、衝撃的な予想を示しました。

＊ "NUCLEAR FAMINE: TWO BILLION PEOPLE AT RISK? Global Impacts of Limited Nuclear War on Agriculture, Food Supplies, and Human Nutrition."

二〇一九年には、環境科学の専門家などが《インドとパキスタンの核兵器蓄蔵の急増は地域的、世界的破滅の予兆》と題する研究報告を発表しました。* これによるとインドとパキスタンが一〇〇～一五〇発の核弾頭（現存する核弾頭総数の〇・七～一・一パーセント）で都市を攻撃した場合、火災などで放出された一六～三六テラグラム（テラグラムTgは一〇億キログラム）のブラックカーボン（大気を汚染する微粒子の一種）が、上層対流圏から成層圏にまで巻き上がり、数週間で全地球を覆うとしています。これによって地表にとどく太陽光は二〇～三五パーセント減少し、地球全体の地表温度は二～五度低下、降水量は一〇～三〇パーセント減少します。純一次生産（Net primary production）の生産性は地表で一〇～三〇パーセント、海洋で五～一五パーセント減少し、大規模な飢饉と餓死者が生じるとしています。

* "Rapid expansion of nuclear arsenals by Pakistan and India portends regional and global catastrophe" Toon, Owen B., Charles G. Bardeen, Alan Robock, Lili Xia, Hans Kristensen, Matthew McKinzie, R. J. Peterson, Cheryl Harrison, Nicole S. Lovenduski, and Richard P. Turco, Science Advances, 2019.

＊　＊　＊

世界的なベストセラーとなった『銃・病原菌・鉄』[*1]の著者で、アメリカの生物地理学者のジャレド・ダイアモンド氏は、「世界全体に害をおよぼし得る」問題として、新種の伝染病、気候変動、資源枯渇、格差の拡大とともに、「核兵器の使用」をあげています。[*2] そのうえで、彼はこれらの問題を解決するうえで「疫病は世界史の転換点になり得る」と言います。

「危機を乗り越えるには、これまでのやり方はもはや機能しないと気付き、『選択的変化』を起こせるかが鍵になる。新型コロナへの対応を通じ、人類が『脅威』を見つめ直すことにつながってほしい。それが国や人種、社会階層を超えた連帯を選択する契機となることを期待したい[*3]」。

＊1 ジャレド・ダイアモンド著、倉骨彰訳『銃・病原菌・鉄——一万三〇〇〇年にわたる人類史の謎（上・下）』草思社、二〇〇〇年 “Guns, Germs, and Steel: the Fates of Human Societies” (1997).

＊2 小川敏子・川上純子訳『危機と人類（上・下）』日本経済新聞出版社、二〇一九年 “UPHEAVAL: Turning Points for Nations in Crisis” (2019).

＊3 毎日新聞二〇二〇年五月一五日付。

このように、核兵器の脅威は決して過去のものではありません。それらが存在するだけで、人類が死滅するほどのリスクがあるのです。これに危機感をつのらせた世界の市民や政府、そして被爆者が声をあげ、行動した結果、二〇一七年に核兵器禁止条約が成立しました。条約は、「核兵器の破滅的な結果は適切な対応を不可能にし、国境を越え、人類の生存、環境、社会経済的発展、世界経済、食料安全保障、現在および将来世代の健康に重大な影響を与え（る）」（前文）と述べています。

私たちは、このことを予期する想像力をもっています。「破滅的な結果」が現実のものとなる前に、それを取り除くために行動しなければなりません。「それ」が起きた後では、教訓を引き出す人類そのものが、もはや存在していないかもしれないのです。

3 大幅な軍縮で国民を守る

パンデミックはまた、グローバルな脅威から国民一人ひとりを守るのは、核兵器など軍事力ではないということを、はっきりと示しました。

9・11同時多発テロ事件を含め、アフガニスタン戦争、イラク戦争など「テロとの戦い」におけるアメリカ人犠牲者は約一万人ですが、そのアメリカで、いまやその十数倍の市民の命がこの感染症で失われています。米ソ対立がなくなって以降、国と国との武力衝突で最大の犠牲者が出た年は二〇一四年の一一万人です。* 全世界の新型コロナウイルスの犠牲者は、九カ月弱で八二万人をこえています（二〇二〇年八月二八日現在）。

＊ ストックホルム国際平和研究所（Stockholm International Peace Research Institute SIPRI）、二〇二〇年四月二七日発表。

多くの国が「安全保障」を軍事力にたよっています。しかし、こうしたやり方では、感染症のみならず核兵器や気候変動、貧困など、いま現実に世界の人々の命を脅かしている「脅威」には対応できません。

しかも、多くの資金や人材が、こうした世界的な「脅威」に対処し国民の命と安全を守るためではなく、軍事力を増強するために使われています。二〇一九年の世界全体の軍事費は一兆九〇七二億米ドル（約二〇四兆円）で、二〇一〇年以降で最も大きな伸びとなりました。一方、世界の貧困人口（一日一・九ドル未満で生活する人々）が、七億三六〇〇万人*いるといわれます。世界の軍事費の二八パーセントで、これらの人々に一年間毎日二ドルを支給し貧困から脱することができます。これは、貧しい人々への「施し」ではありません。コロナ禍が貧困層で深刻化していることが示しているように、この問題を放置したままでは、世界全体の安全も保障されないのです。

＊　世界銀行、二〇一五年。

アメリカのトランプ政権はパンデミックの最中、二〇二一年度予算で核兵器関係の予算を二割も増やすことを要求しました。その額は、四八七億ドル（約五兆二〇〇〇億円）にものぼります。*パンデミックのみならず、私たちが直面しているリアルな脅威は、気候変動にかかわる自然災害、環境破壊や資源の枯渇、貧困と格差の拡大などです。莫大《ばくだい》な核兵器予算が、それらの問題を解決するうえで、何の役にも立たないことはあきらかです。パンデミック以上の被害をもたらす「脅威」を拡大するために、さらなる費用を注ぎ込むなど、きわめて愚かなことです。

＊　Department of Defense: FY 2021 Budget Briefing; Department of Energy: FY 2021

Congressional Budget Request for the National Nuclear Security Administration, Volume 1

国連軍縮部は今回のパンデミックにあたって、「国連の七五年の歴史において、莫大な破壊力を持つ兵器により安全保障を確保しようとする愚かさがこれほど明らかであったことはありません」と述べました。そして、「安全保障の中心に人間を据える」ことを訴えたのです。* 軍備増強がウイルスとたたかううえで何の意味もないことは明白です。いま求められているのは、核兵器廃絶をはじめ大規模な軍縮をおこない、コロナ対策をはじめとする医療と公衆衛生、貧困と格差の解消、雇用と営業、自然環境の保護など、国民の命と安全を守ることに、資金と人材を集中することです。

* The UN Office for Disarmament Affairs remains active and committed – how the Covid-19 pandemic is affecting the work of disarmament. A Message from High Representative Izumi Nakamitsu, April 3rd, 2020

この文章を書いている時点で、新型コロナウイルスのワクチンはまだ存在しません。将来、対処不能な新たなウイルスが現れるかもしれません。しかし、それらと異なり、核兵器の脅威を永遠になくすことは可能です。それは私たち人間の手で、核兵器を完全に廃絶することです。

4　グローバルな脅威にたちむかうためには？

トランプ大統領は、「中国ウイルスが世界中に広がっている」という支持者の発言に、「米国にはかつてないほど壁が必要だ！」と応えました（Twitter　二〇二〇年三月二〇日）。グローバルな危機は「壁」では防げません。「自国優先」は役に立たないだけでなく有害です。国境をこえる脅威には、国際的な協力が必要です。パンデミックの場合、ある国が感染を抑えても、感染が拡大する国を放置したままでは、結局、その国も安全ではいられません。核兵器の場合も同じことがいえます。

核保有国は、核兵器は自国の安全と自衛にとって欠かせない、と主張します。「核」という強力な武器があれば、国際的に有利な立場にたてるし、いざとなれば敵対国に手痛い仕打ちを与えられると考えています。ところが、そうであれば、標的にされた国は、自分も核兵器を持とうとするでしょう。核兵器を、外交「カード」にしたいと思う国も出てきます。北朝鮮やイスラエル、インド、パキスタンなどはその例です。過去にはアパルトヘイト時代の南アフリカも周囲の黒人政権を脅威に感じて、核兵器を秘密裏に保有していました。西欧の脅威を感じたリビアも、かつて核兵器開発に着手していました。南米で敵対関係にあったブラジルとアルゼンチンも核兵器計画を持っていました。このように、「核兵器を持っていれば安全だ」という考えは、確実にその国を含む世界をより危険な場所にしていくのです。

国連のグテーレス事務総長は二〇二〇年三月、紛争をただちにやめ、世界がコロナ対策で協力することを訴えました。パンデミックという深刻な危機に直面しているにもかかわらず、大国は協力しあう必要性を理解できず、自国の利益のために対立し、殺し合いをつづけている――このことへの危機感が、その訴えの根本にありました。いまや武力で国境を守るだけで、安全でいられる時代ではありません。共通する脅威をとりのぞくために国際的に協調し、協力しあうことこそが、大国を含めた世界のすべての国と国民の安全を守るうえで欠かせないのです。

■希望と展望

核兵器はかつて、それを保有する大国だけが議論し、交渉できる課題でした。しかし、核兵器禁止条約が一二二カ国の賛成で成立したように、世界の多数の国々が、核兵器をなくすために力をあわせています。大国の対立はけっして問題を解決しないし、長続きするものではありません。世界は大国主導から、すべての国が平等な立場で、力を合わせる方向へと進まざるを得ません。

パンデミックが大きな不幸や困難をもたらしている一方で、社会や組織、個人を新たなかたちでつなぎ、団結させる新たな可能性が生まれています。大国をはじめ、それぞれの国の政府の態度をあらため、新しい時代にふさわしい世界をかたちづくるための連帯を築くときです。平和運動の分野でも、当初は余儀なくされて始まったオンラインでの活動は、より広範な人々の参加を可能にする条件も生み出しています。

コロナ危機を体験したことによって、多くの人々が、これまで過ごしてきた様々な問題に目をむけ、自分の生き方や日本社会、そして世界のあり方について、これまで以上に深く考えはじめています。パンデミックを「核兵器のない公正で平和な世界」を実現する、歴史的な契機とすることが、私たちに求められています。

第2章　市民の力が世界を変える

1982年6月の第2回国連軍縮特別総会に際しニューヨークで同12日に開かれた100万人集会
（しんぶん赤旗提供）

1 戦後政治の出発点で――国連NGO

核兵器の被害は、全人類におよびます。したがって、すべての国の人々が、この問題の「当事者」です。しかし、核兵器をどうするかは、核保有国の行動にかかっています。パンデミックや気候変動、世界的な貧困や格差などと同様、問題はグローバルなのに、その問題を解決するグローバルな仕組みがありません。政府だけではなく、「当事者」である市民の声を反映する世界的な統治の仕組み（グローバル・ガバナンス）が必要になっているのです。

市民の声を国際政治に届ける仕組みは、徐々にできつつあります。第二次世界大戦後、国連など、国際政治への市民の参加が拡大されていきました。それは何よりも、市民が要求し、運動してきたものでした。同時に、大国がリードする世界のあり方に反対する、多数の国の後押しがありました。このダイナミックな歴史を、ふりかえっておきます。

なお、ここで言葉の整理しておきます。NGOは日本語では非政府組織（Non-Govermental Organization）ですから、文字通りには民間のあらゆる団体を意味します。ただ、ここでは国連が認定した資格をもつ非政府組織をNGOと呼ぶようにします。

また、市民社会という言葉は、科学的社会主義の用語としては、ブルジョア社会＝資本主義社会を意味します。しかし、ここで使う市民社会（Civil Society）は、国際社会で一般的に使用されている用語です。国連など国際的な活動に自発的に関わる個人、運動団体、非政府組織、学者や専門家、宗教指導者、国会議員などを含むものです。

■国連創設期の市民参加

第二次世界大戦の終結が見えてきた一九四五年の春、アメリカのトルーマン政権は、国際連合を創設するためにサンフランシスコで開かれた国際会議*に、アメリカ労働総同盟（ＡＦＬ）、産業別組合会議（ＣＩＯ）、国際商工会議所、カーネギー財団など、四二の民間団体を招待しました。資格は「コンサルタント」（consultant）です。専門的な意見を聞くための顧問のような位置づけでした。これらの団体代表は、国連憲章の作成に積極的に関わり、意見を述べたのです。

＊「国際機構に関する連合国会議」一九四五年四月二五日～六月二六日。

トルーマン政権が、民間の意見を重視した背景には、国際連盟（一九二〇年発足）の「教訓」がありました。つまり、国際連盟への加盟がアメリカ議会で批准されなかった轍《てつ》をふまないために、広く民間の支持、世論の後押しを得ようとしたのです。いずれにせよ、国連という戦後の国際政治の大きな枠組みづくりに、市民がその準備の段階から参加したことは、意義あることでした。

後にNGOと規定される民間団体がとくに重視したのは、人権と平等を憲章に明記することでした。国連憲章の第一章「目的及び原則」が、「人権及び基本的自由の尊重」をかかげたのは、市民の努力によるものでした。今日の人権理事会にあたる「人権の伸張に関する委員会」[*1]の設立を定めた憲章第六八条も民間団体が提起したものでした。テオ・ファン・ボーベン元国連人権センター所長は「国連憲章第六八条はサンフランシスコ会議でNGOと個人の主張の結果である。もし、このNGOと個人の決然たる役割がなかったら、憲章中に占める人権の位置づけは、これほど明確なものにならなかったであろう」と述べています。[*2]こうした市民の貢献もあって、国連憲章には、非政府組織(以下、NGO)との協議の取り決めが、明記されたのです。[*3]

＊1　人権委員会(一九四六年六月〜二〇〇六年三月)、人権理事会(二〇〇六年三月〜)。

＊2　人権委員会第三六会期(一九八〇年)。

＊3　第七一条「経済社会理事会は、その権限内にある事項に関係のある非政府組織と協議するために、適当な取極めを行うことができる」。

国連によって正式な地位を与えられたNGOは、人権問題で大きな役割を果たしました。とくに、世界人権宣言を採択(一九四八年一二月一〇日)するために行った活動は特筆されます。当時のことを詳しく知るNGO代表はこう記しています。「(宣言の起草をめぐる議論では)正解は国家ではなく、非国家主体、つまり、非政府組織の中にあった。宣言の文言を従来型のものから、現実に即したものにするということに挑戦したのは、まさにNGOであった。(こうして)世界(人権)宣言は、時代の流れの中で、単なる道義的宣言や共通の基準といったものから、真に義務的な性格をもつ『国際慣習法』へと変容をとげたのだ」。そして、こう続けます。「まことに驚くべきことでありながら、一般に知られていないのは、（人権規定をめぐる）歴史的な突破は、アメリカの非政府組織のグループの献身、決意、そして圧力がなければ実現しなかったであろう、ということだ」。*

戦後の人権擁護の大きな流れは、ＮＧＯの奮闘ぬきにはありえなかったといってもいいでしょう。

＊ William Korey 1998 "NGOs and the Universal Declaration on Human Rights" St. Martins Press, New York.

国連創設期に協力をもとめられた民間団体は、「コンサルタント」という名が示すように、助言者的な存在でした。今日、国連はＮＧＯとの関係を文書で取り決めていますが、それとは違って、あいまいな位置づけでした。そのなかで、国際労働組合連合*（ＩＦＴＵ）は、世界の労働者が反ファシズムとのたたかいに貢献したことを理由に、政府代表と同等の資格でサンフランシスコ会議に参加することを要求しました。この背景には、ＩＦＴＵを通じて影響力を行使しようとしたソ連の思惑もあったといわれます。そのため、中国とフランスがＩＦＴＵの参加に賛成したものの、米英が反対しました。結局、「会議への正式参加を政府機関に限る」という決定を賛成一〇、反対三二で可決し、サンフランシスコ会議では、非政府組織は正式の構成員としては認められませんでした。

＊ ＩＦＴＵは一九四五年に解散し、世界労働組合連合（ＷＦＴＵ）が結成され、国際労働機関（ＩＬ

O）に政府と同等の立場で参加します。その後、米ソ対立の激化を背景に、アメリカ労働総同盟（AFL）や産業別組合会議（CIO）など西側の労組が脱退して、一九四九年に国際自由労働組合総連盟（ICFTU）が結成されました。WFTUはその後、ソ連覇権主義への追随を強め、ソ連崩壊後はその影響力を大きく後退させました。

■限界と新たな発展――六〇年代

一九六〇年代に入ると、国連でのNGOの活動は活発になっていきましたが、一方で、米ソ対立の影響も受けるようになりました。この時期、東西を隔てる壁の建設にいたったベルリン危機（一九六一年）、米ソ核戦争の瀬戸際までいったキューバ危機（一九六二年）、そしてベトナム戦争の本格化などがすすんでいました。

アメリカをはじめとする西側諸国は、ソ連・東欧に基盤をおくNGOを政府の「手先」と非難し、東側陣営は、西側のNGOをCIA（米中央情報局）から資金提供をうけた「反共組織」とみていました。この対立は、NGOの認定をおこなう経済社会理事会（ECOSOC）のNGO委員会（一九カ国で構成）に持ちこまれ、NGOの「素性」をはっきりさせることが争点となりました。結果として、ECOSOCは、NGOとしての協議資格を得るためのルールを厳密化することになりました。これは「非政府組織との協議取極め」といわれます。*

＊　ＥＣＯＳＯＣ決議一二九六（XLIV）、一九六八年五月二三日採択。

米ソ対立のもとで、ＮＧＯを監視する態勢が強まったことは、その自由な活動を制限するものとなりました。ただ、この「協議取極め」に、「非政府組織がもつ専門的知識、能力にもとづく情報、助言を得ること」「その分野の世論を反映させること」を協議の目的として明記したこと、開発途上国のＮＧＯの参加を重視したことなどは、その後のＮＧＯの活動発展に役立つものでした。

もう一つの問題は、ＮＧＯの活動範囲でした。国連はもともと、安全保障理事会と経済社会理事会（ＥＣＯＳＯＣ）の二つを柱にしていく予定でした。ＥＣＯＳＯＣは、人権や開発などの問題を取り扱います。平和と軍縮という国連の中心課題は、安全保障理事会の仕事でした。ＮＧＯの関与は、主にＥＣＯＳＯＣの範囲に限られ、安全保障理事会と協議をする対象ではありませんでした。

また、ＥＣＯＳＯＣの範囲内であってもＮＧＯはあくまで「協議」の相手であって、政策をつくったり、決定したりする場に参加できるわけではありませんでした。しかも、人権や開発などは主に国連総会で議論されるようになり、ＥＣＯＳＯＣそのものが十分に機能しない状況が生まれていました。そうなると、ＮＧＯとの協議制度も効果的ではなくなりました。一方、ＮＧＯが国連総会に参加するためのルールも確立されていませんでした。総会議長などが特別に認めた場合などに限って、会議を傍聴すること（政府代表とは別の最上階のフロアーで！）や、事務局を通じて文書を提出することが認められる程度だったのです。

2　非同盟運動の「躍進」がもたらしたもの

七〇年代に入るとＮＧＯの活動は重要な発展をとげます。その背景には、二〇世紀におきた世界の大変化がありました。

その大変化とは、欧米の植民地であった国々が独立をなしとげていったことです。二〇世紀の直前に独立していた国は、世界でおよそ六〇カ国でした。今日、国連に加盟している国は一九三カ国ですから、世界地図の様相が一変したわけです。まさに、世界の「構造変化」です。

アジアで現在、国連に加盟しているのは四八カ国ですが、一九世紀に独立していたのは、清国（中国）、日本、シャム（タイ）、ネパール、大韓帝国、オスマン帝国の六カ国でした。アフリカの国連加盟国は五四ですが、一九世紀の独立国はエチオピア、メリナ王国（マダガスカル）、リベリアの三カ国だけでした。アジア、アフリカの圧倒的多数は欧米列強の植民地でした。

植民地は、圧倒的な軍事力によって支配、搾取され、そのもとで暮らす人々は、自由を奪われ、過酷な労働と苦しい生活を強いられました。しかも、帝国主義諸国による植民地の奪い合いが、二度の世界大戦を引き起こし、「言語に絶する悲哀を人類に与えた」（国連憲章）のです。

戦後、国際連合はその反省のうえに、主権平等、紛争の平和的解決、民族自決などを原則とする新たな世界をめざしました。こうした方向は、植民地支配を打ち破るたたかいを後押しし、次々と独立する国が生まれてきました（表1）。大国だけではなく、多数の国々が力を合わせて、世界を動かすという新しい状況が可能となったのです。

ＮＧＯ研究のある専門家はこう述べています。「国連ＮＧＯ委員会を強力な勢力に変えたのは、かつて西ヨーロッパ帝国の植民地的依存関係であった多数のアフリカ諸国（そして、より少ないがアジア諸国）の五〇年代後半から六〇年代前半にかけての国連機構への参加だった」*。

＊ William Korey 1998 "NGOs and the Universal Declaration on Human Rights" St. Martins Press, New York.

このアジア・アフリカの国々を中心につくられ、その後の世界に大きな影響を与えたのが、非同盟運動でした。

■非同盟運動の誕生

一九五〇年代、アメリカとソ連は、世界に軍事同盟をはりめぐらし、激しい勢力圏争いをおこなっていました。朝鮮戦争（一九五〇～一九五三年休戦）やインドシナ戦争（一九四六～一九五四年）など、大国がからんだ戦争も起

表1　アジアとアフリカの独立国の数の推移

	アジアの独立国	アフリカの独立国
1895年	6	3
2020年	48*	54*

＊：国連加盟国数

表２　国連における非同盟国の数の推移

年	国連加盟の非同盟国	国連内での比率（加盟国総数）
1961年	25	24.0％（104）
1973年	76	56.3％（135）

きました。こうしたもとで、大国の覇権争いに反対し、独立と主権、平和をめざす自主的な流れが生まれていきます。

インド、ビルマ、セイロン（現スリランカ）、パキスタン、インドネシアの五カ国のよびかけによって、一九五五年四月一八日から二四日までインドネシアのバンドンで、二九カ国が参加するアジア・アフリカ会議（バンドン会議）が開かれます。アジア・アフリカ諸国が結集した初めての国際会議であり、「世界人口の約半数の一三億（当時）を占める有色人種の代表による世界最初の国際会議」（インドネシア、スカルノ大統領（当時））といわれました。会議は、紛争の平和解決、武力の不行使などとともに、軍事同盟を「利用しない」ことを確認します（バンドン十原則）。大国と軍事同盟を結ばず、帝国主義や植民地主義に反対し、平和共存をかかげたこの流れは、非同盟運動（Non-Aligned Movement　略称ＮＡＭ）と呼ばれました。

第一回非同盟諸国首脳会議が一九六一年九月、ユーゴスラビアのベオグラードでひらかれ、二五カ国*が参加しました。第二次世界大戦後に独立をなしとげた国々の支持と共感をひろげ、一九七三年の第四回首脳会議では、参加国は第一回の三倍、七五にまで拡大しました。これは国連の力関係にも大きな変化をもたらしました。一九六一年には国連加盟一〇四カ国のうち、非同盟の国は二五カ国にすぎませんでした。それが一九七三年には、一三五カ国中七六カ国と、過半数を占めるにいたります。つまり、非同盟諸国は、国連総会で自分たちが提案した決議、支持する決議を、多数で採択できるようになったのです（表2）。

＊　アフガニスタン、アルジェリア、ビルマ、カンボジア、セイロン、コンゴ、キューバ、キプロス、エチオピア、ガーナ、ギニア、インド、インドネシア、イラク、レバノン、マリ、モロッコ、ネパール、サウジアラビア、ソマリア、スーダン、チュニジア、アラブ連合共和国（エジプト、シリア）、ユーゴスラビア。

■反核運動の高まりがきっかけに

次章で詳しくふれますが、非同盟運動が市民社会との共同で最も重視したのが軍縮、とりわけ核軍縮でした。一九七〇年代末から一九八〇年代にかけて、米ソの核軍拡競争に反対し、世界中で反核運動が高まりました。非同盟運動にとっても、これは大きなできごとでした。

第七回非同盟諸国首脳会議（一九八三年、ニューデリー）で、基調演説をおこなったインドのインディラ・ガンジー首相（当時）は、「非同盟運動は史上最大の平和運動である。我々は、諸国人民が自発的に立ち上がっていることを歓迎する」と述べました。自分たちのことを「平和運動」だと表明するところに、市民社会への連帯を感じます。

さらに、この首脳会議が採択した「ニューデリー・メッセージ」は、「非同盟諸国は、世界の多数の人々に代わって訴える」「核兵器大国は、世界の人民の声に耳を傾けなければならない」と述べ、世界の人々とともに、核戦争の阻止と核兵器廃絶を訴えたのでした。興味深いことは、第七回首脳会議が、「非同盟諸国のメンバー以外の国の人民、政党、組織の間で非同盟運動への認識と関心が高まっていることを歓迎する」（「政治宣言」第一八四節）と述べていることです。非同盟運動はこの時期、非政府組織だけでなく、政党もふくめた市民社会全体を視野に入れていたのです。

第八回非同盟首脳会議（一九八六年九月、ハラレ）も、次のように反核運動を高く評価しました。「国家元首または政府首脳は、今日の核軍拡競争に反対する世界的規模の運動を、満足の意をもって留意した。首脳たちは、そのような運動は、核軍縮を促進し、核破局を阻止するうえで、有力な役割を果たしうる、との確信を表明した」（「政治宣言」第五八節）。そのうえで、はじめて市民の運動への支援を表明します。「首脳たちは、そのような運動を激励し、あらゆる可能な支援を行うことが、きわめて重要であると強調した」のです（前掲第五八節）。

■市民社会との共同発展の土台

非同盟運動が一九八〇年代に、市民社会との共同を発展させたのは、「反核世論の高まりに乗ろう」といった小手先の考えではなく、非同盟運動の本来のあり方にそったものでした。

非同盟運動の目的は、米ソの二大ブロックに対抗する第三のグループをつくることではありませんでした。どの大国にもくみすることなく、平和と発展のために、すべての国が自主的に、平等に協力する世界をめざしたものです。その精神は第五回非同盟諸国首脳会議（一九七六年、コロンボ）でのヨシップ・ブロズ・チトー・ユーゴスラビア大統領（当時）の演説によくあらわれています。「今日の世界はたがいに依存しあっており、それゆえ、非同盟も全世界的な政策である」「非同盟を、発展途上国、または『第三世界』、南半球などの狭い範囲に限定することはできない」。こう述べたうえで、「非同盟政策の基本的方針のまわりに可能な限り広範な勢力を結集し動員すること」を訴えたのです。この首脳会議が採択した最終文書も次のように述べています。

「非同盟はすべての国々の人民の自由と自決の権利、自主的な発展戦略を追求し、国際問題の解決に参加するすべての諸国民の権利を擁護する」（「政治宣言」第七節）。国際問題を解決するために、「広範な勢力の結集」「諸国民の参加」をめざすというのが、非同盟運動の基本方針だと強調されました。こうした考え方が、市民社会との共同をすすめる、土台になったといっていいでしょう。

■米ソ対立の妨害

しかし、米ソ対立が、市民社会との共同を妨害するものとなりました。

非同盟諸国首脳会議のオブザーバーとして認められていた世界平和評議会やアジア・アフリカ連帯委員会といった国際的な運動団体は、ソ連の影響下にあり、その政策に追随していました。他の運動団体が非同盟運動を「ソ連寄り」とみる材料とされ、共同の発展に否定的な影響を与えました。しかも一九七〇年代末に、ソ連や東ヨーロッパなどの国々を、「本来的同盟者」(natural ally)であるとする議論が、非同盟運動の一部に生まれていました。第六回非同盟諸国首脳会議(一九七九年九月、ハバナ)では、開催国のキューバが起草した宣言案に、この「本来的同盟者」論が入っていました。しかし、西側寄りの国々のみならずユーゴスラビアなどからも批判が噴出して、結果として、この文言は削除されました。

この年の一二月にソ連は、アフガニスタンへの軍事介入をおこない、その覇権主義をあらわにしました。ソ連を「本来的同盟者」などと規定していたら、非同盟運動は大きな「傷」を負っていたでしょう。

3　市民社会の飛躍――一九九〇年代の世界会議

一九九〇年代に入ると国際的な市民の運動にも大きな変化がおきます。

それは、①経済のグローバル化が進行するもとで、地球的規模での環境破壊、貧困と南北格差の拡大など地球的規模の課題が深刻化し、それへの国際的な対処が求められるようになったこと、②

自国の「国益」を優先したり、大国の「リーダーシップ」に任せたりするやり方では、そうした問題の解決が不可能であることが、はっきりしてきたこと、そして、③被害者や当事者である世界の人々が問題意識を共有し、国境を越えて世界的規模で行動する必要性を感じたこと、などによるものです。

しかも、市民がそれを実現する手段を手にしたことが重要です。インターネットの普及で、人々が国境をこえて、瞬時に情報の共有と意見の交流ができるようになりました。航空運賃の低下などで、世界的な人の移動もより容易になりました。市民運動が国際的に交流したり、協力したりする条件が、飛躍的に拡大したのです。さらに、こうした市民の国際的な行動を目の当たりにして、政治的に賛同し、資金面で協力する組織や個人が世界中に広がりました。

これらが「グローバル市民社会」の出現といわれる状況を後押ししたのです。それはまさに、二〇世紀の最後におきた「革命的」な変化でした。

市民社会が国際政治にかかわっていくやり方も、大きく変化しようとしていました。

これまでみてきたように、市民にとって国連が重要なチャンネルとなる一方で、そこには大きな制約もありました。そうした状況を突破する重要な機会になったのが、国連の世界会議でした。世界会議とは、特定のテーマで国連が主催する大規模な国際会議で、各国政府の代表だけではなく、NGOや運動団体などの市民代表、学者・専門家、民間企業などが広く参加するものです。その規模が大きいため、国連本部以外の各国、各都市で開催されました。

世界会議は一九六八年のテヘランでの世界人権会議、一九七二年のストックホルムでの世界人間環境会議など、六〇～七〇年代から開かれてきました。NGOも参加してきましたが、おもに、その分野の国連活動などに精通した、いわば専門家でした。世界会議の現地での活動も、ロビー活動といわれる各国政府代表への働きかけが中心でした。その世界会議が、各国の市民が参加する、大衆的なものへと変化したのが一九九〇年代です。

■地球サミット――一九九二年

この時期の世界会議の焦点の一つは環境問題でした。世界の有識者を集めた「環境と開発に関する世界委員会」（WCED＝World Commission on Environment and Development）が一九八四年、国連につくられました。委員長がノルウェーの労働党党首で、後に首相となったグロ・ハーレム・ブルントラント氏であったことから、「ブルントラント委員会」とも呼ばれました。地球温暖化など環境を破壊しながら経済開発を続けることはできないと訴え、「持続可能な開発」という考え方を打ち出したことで知られます。

この世界委員会の最終報告書『われら共有の未来』（"Our Common Future" 八七年）は、NGOをはじめとする市民社会の活動を、次のように高く評価しました。「科学に関するコミュニティーと非政府組織は（中略）早い段階から環境問題に関する運動で、主要な役割を果たしてきた」「非政府組織および市民団体は、政府の行動をうながす国民の意識と政治的圧力を生み出すうえで先駆的な役割を果たした」[*]。こうした認識が、国連と市民社会の協力をすすめる力となっていきました。

＊ "Our Common Future", Chapter 7: Energy: Choices for Environment and Development, 4.1 Increase the Role of the Scientific Community and Non governmental Organizations, 66.

一九九二年、ブラジルのリオデジャネイロで開かれた国連環境開発会議（UNCED、通称「地球サミット」）は、市民社会の存在感を飛躍的に高めました。会議にはECOSOCの認定をうけたNGOとともに、世界中から五万人近くの市民が参加したのです。専門的な活動家だけでなく、運動団体、民間の研究所、労働組合、国会議員、宗教組織など、広範な市民社会のメンバーが参加しました。活動の形態も、政府代表への要請活動とともに、模擬「世界議会」、ティーチイン、パレード、大衆集会、文化的イベント、情報発信など、実に多様で、まさに「祭典」といってもよいものでした。

世界会議は、その準備期間も含めて、数週間にわたって政府と非政府組織、または非政府組織同士の腰をすえた議論ができました。市民社会は、様々な機会に政策立案者に意見を述べ、影響を与えることができたのです。政府間で何を議論すべきかについて、市民社会が議題を持ちこむといった場面もありました。

この「地球サミット」では、市民社会は、準備段階から「リオ宣言」と行動計画「アジェンダ21」の策定に参加し、積極的に提案をおこないました。諸国政府はこうした活動を通じて、市民社会の政策能力を高く評価するようになりました。国家元首として参加したスウェーデンのカール・グスタフ国王は、次のように述べています。

「市民が同意しなかったり、ついてこなかったりしたら、政府だけでは大した成果を上げられない。したがって、長期的なアプローチとしては、市民の意識を高め、教育することに多大な努力を払わなければならない。非政府組織の役割は重要だ。（中略）地球サミットの過程での、その活発な参加は、長期的な成功のカギを示している」[*]。

＊ The Report of the United Nations Conference on Environment and Development, (A/CONF.151/26, Vol.IV, p.57).

「地球サミット」で合意された「リオ宣言」では、環境問題は、市民の参加を得てこそ最善の解決がはかられること、そのためには、個人が必要な情報を手に入れられ、「意志決定過程に参加する機会」が保障されなければならないことが明記されました[*1]。この宣言の精神にたって一九九八年には、「環境に関する情報へのアクセス、意思決定における市民参加、司法へのアクセスに関する条約」（通称：オーフス条約、二〇〇一年発効）が締結されます。「宣言」の精神はこうして、法的実効力をもつ条約になりました。しかも、この条約の多くの部分が、市民社会によって起草されたものであり、まさに「非政府組織と政府関係者間の密接な協力の産物」[*2]でした。

＊1　宣言第一〇原則。
＊2　「国連システムと市民社会——諸課題と実践の分析」（国連と市民社会との関係についての事務総

長の有識者パネルのための背景文書、二〇〇三年五月）。

■高まる市民社会の存在感

「地球サミット」以降、市民社会の存在感と役割は、いっそう高まりました。世界会議における市民社会の参加は、それまでの数百人程度から、万単位へと飛躍的に拡大します（表3）。

重要なことは参加者の多さだけではありません。政府間の本会議に正式に招待されて、スピーチを行った市民社会代表は、「地球サミット」では数団体でしたが、一九九五年三月にデンマークのコペンハーゲンで開かれた社会開発サミットでは二九団体に増え、同年九月の北京での世界女性会議では五一団体と、全体のスピーチの約三分の一を市民社会が占めることになりました。市民代表は、会議の最終文書（合意文書）が仕上げられる政府の非公式会合にも出席しました。このように世界会議では、国連本部の中では実現しなかったような市民の参加が、次々と起きていったのです。

世界会議は、国際世論を結集し、それを可視化する場にもなりました。市民団体は政府会合と並行して、独自に大規模な集会（NGOフォーラム）を開催しました。そこでは、国連や政府への統一した要求をまとめたり、共同行動の計画をおこなったりしました。多くの市民が参加するこのような行動は、多くのメディアも注目し、広く世界にアピールするものとなりました。

この時期の市民社会の活動について、国連の文書は次のように評価しています。「市民社会の関

表3　国連主催の世界会議への市民の参加（人）

年	開催地	名称	認定NGO	NGOフォーラム
1968	テヘラン	世界人権会議	57	――
1972	ストックホルム	世界人間環境会議	300以上	――
1974	ブカレスト	世界人口会議	532	――
1974	ローマ	世界食糧会議	345	――
1975	メキシコ・シティ	第１回世界女性会議	114	6,000
1976	バンクーバー	国連人間居住会議	100	6,000
1985	ナイロビ	第３回世界女性会議	163	13,500
1992	リオデジャネイロ	国連環境開発会議	1,378	18,000
1993	ウィーン	世界人権会議	841	1,000
1994	カイロ	国際人口開発会議	934	11,000
1995	コペンハーゲン	世界社会開発サミット	1,138	30,000
1995	北京	第４回世界女性会議	2,600	40,000
2001	ダーバン	反人権主義・差別撤廃世界会議	1,290	15,000
2002	ヨハネスブルグ	持続可能な開発に関する世界首脳会議	737	35,000

注　NGOフォーラム以外にも市民社会の参加者はいます
出典　複数の資料により著者作成

与は、確実に世界的なメディアと議会の注意をひき、政府にたいしては、（焦点となっている）問題に、より真剣な（そしてハイレベルの）注意を払うよう説得するものとなった」「ほとんどの加盟国と国連当局は、これらをポジティブな貢献（または少なくとも堅固な民主主義への貢献）と見なし、市民社会が果たす役割の拡大を歓迎した」*。

＊「国連システムと市民社会――諸課題と実践の分析」（国連と市民社会との関係についての事務総長の有識者パネル

のための背景文書、二〇〇三年五月）。

世界会議は大きな成果をもたらしましたが、二〇〇二年にヨハネスブルグ（南アフリカ）で開かれた「持続可能な開発に関する世界首脳会議」を最後に、大規模な世界会議は開催されなくなりました。アメリカなどの反対によるものだといわれています。市民社会やこれと協力した諸国が国際政治で影響力を拡大し、自分たちの主導権が弱まることを恐れたのです。

しかし市民社会にとって、世界会議だけが活動の場ではありませんでした。市民運動、社会運動は、各国の政財界のリーダーが参加する世界経済フォーラム（ダボス会議）に対抗して、世界社会フォーラム（第一回二〇〇一年、ブラジル）を開催しました。G8サミットでは、市民が組織した「対抗サミット」に世界から数万～二〇万人が参加するなど、新たな国際的な共同行動もうまれました。

4　ソ連崩壊後の新たな展開

ソ連の崩壊、米ソ対立の終焉《しゅうえん》は、市民社会にとっては、「妨害物」の消滅を意味しました。先にも述べたように、かつては、国連NGOの登録やその活動をめぐって東西の「代理戦争」ともいうべき状況がありました。そのようなことに時間もエネルギーも費やさなければならないもとでは、NGOは本来の役割を果たせません。さらにソ連が国際的にも、各国でも市民の運動に覇権主義的な干渉をおこなったことは、市民社会の自主的な発展にとって、きわめて有害でした。

ブトロス・ブトロス＝ガリ元国連事務総長は当時を振り返って、「非政府部門（市民社会のこと…引用者）の国際的な進化は、超大国間の争いに支配されてきた」と述べました。[*] 大国の対立、抗争から「解放」されたことが、市民社会の発展、諸国政府との共同に新たな可能性をひらいたのです。

* General Review of Arrangement for Consultation with Non governmental Organization, E/AC.70/1994/5, p.5.

東西の軍事同盟が対立する状況が消えたことは、非同盟運動にも、新たな勢いを与えました。ソ連崩壊直後にひらかれた第一〇回非同盟諸国首脳会議（一九九二年九月、ジャカルタ）は、「冷戦終結後の世界」のあり方を、重要な課題としました。そして、首脳会議が採択した「最終文書」は次のように述べています。

「新しい世界秩序の形成を政治的、経済的な大国にゆだねるのではなく、我々の全面的な参加を保障することは、非同盟運動の責務である」[*1]。「すべての核兵器とその他の大量破壊兵器のない世界を支える真のあたらしい国際秩序は、とりわけ平和的共存、力の行使または行使の威嚇《いかく》の禁止、他国の内政への不介入、および不干渉、各国独自の発展の道を追求する権利という（非同盟運動の）諸原則に立脚すべきである」[*2]。非同盟運動が追求してきた方向が、いよいよ時代の本流になっていくという自信にあふれた意思表明です。

＊1　第2章、Ⅱ世界的問題、A国際情勢の再検討、第二節。
＊2　第2章、Ⅱ世界的問題、D冷戦後の時代の安全保障、第四〇節。

非同盟運動は、市民社会が国連での活動を拡大することも後押ししました。国連は一九九六年、市民社会の発展に応えるために、従来のNGO制度の改革に着手します。ECOSOCは「国および地域の多数の組織が生まれていることをはじめとするNGO部門の変化を考慮」して、NGOの権限を拡大することを決定します＊。

＊　ECOSOC決議1996／31「国連とNGOの協議関係」（一九九六年）。このとき、国際団体だけがNGO認定の対象となっていた従来の基準を、各国の組織まで広げるなどの改革がおこなわれました。

焦点となったのは、懸案となっていたNGOの活動範囲をECOSOCから安全保障理事会にまでひろげるかどうかでした。市民社会の役割を、平和と安全保障という国連のもう一つの重要な柱にまでひろげることを強く支持したのが非同盟運動でした。開発途上国が集まった「七七カ国グループ＊1」が、「経済的、社会的、持続的な経済成長、持続的開発のみならず、軍縮、金融、貿易、法および人道問題を扱う国連機関を含め、すべての国連システムにNGOの参加を認めるよう＊2」主張したのです。アメリカなどが強く反対したため、この提案は実現しませんでしたが、非同盟運動の市民社会への高い評価を示すものでした。

＊1　アジア、アフリカ、ラテンアメリカの非同盟諸国が発言力強化のために、一九六四年の第一回国

際連合貿易開発会議（ＵＮＣＴＡＤ）総会に際してつくったものです。いまでは一三五カ国（二〇一九年）が参加しますが、名称は「七七カ国グループ」のままです。

＊2　UN Document. E/1996/83/Add.1, pp. 4-5.

市民社会はこの時期、これまで十分関与できなかった安全保障、平和と軍縮の分野でも成果をあげるようになりつつありました。対人地雷禁止条約（一九九七年）の成立、国際司法裁判所の核兵器使用についての勧告的意見（一九九八年）などがその例です。これらは、いずれも非同盟運動に参加する国々との協力によって実現したものでした。「すべての国連システムにＮＧＯの参加を認める」べきだという非同盟運動の主張も、こうした市民社会との共同を実際にすすめるなかでおこなわれたものでした。

5　グローバル・ガバナンスの一員として

市民社会の参加を拡大することは、国連がめざす新しい世界の方向でもありました。国連は、市民社会を、国家と並ぶ、グローバル・ガバナンス（世界的統治）のアクター（行為者）と考えるようになっていたのです。＊

＊「我々のグローバルな隣人関係」（一九九五年報告）。

ブトロス・ガリ国連事務総長（当時）は「国際連合は主権国家だけの集まりと考えられてきた。いまやNGOは国際社会における全面的な参加者と考えられる」「非政府機関は、今日の世界において人々を代表する基本的な形態である」[*1]とまで述べました。後任のコフィ・アナン事務総長も「NGO、その他の市民団体は、情報の普及あるいはサービスの提供者としてではなく、平和・安全保障、開発、人道の問題においても政策の形成者として捉えられている。NGOの活発な参加なしに地球的なイベントを組織したり、多国間の協定や宣言を作成したりすることは、むずかしくなっている」[*2]と語りました。

＊1　第四七回DPI／NGO定期会議での国連事務総長声明（一九九四年九月八日）。
＊2　国連事務総長報告「国連刷新：改革のプログラム」（一九九七年七月一四日）。

国連は、企業もグローバル・ガバナンスのアクターに加えています。政府は国民の意思を制度的に代表し、市民社会は世論を反映するわけですから、民主主義的役割を担っています。財界・企業も国際的な問題に大きな影響力をもっており、果たすべき責任があることも事実です。しかし、企業活動の目的は利潤の追求ですから、政府や市民社会とは、もともと性格が異なります。それを同じように「アクター」として扱うことには疑問があります。

ちなみに、世界の財界・企業も、地球的規模の問題解決に市民社会の関与が必要であることは認めています。各国の政治・経済界のリーダーによる「世界経済フォーラム」（ダボス会議）は、市民社会が「社会発展に重要で多様な役割」を果たしているとし、「市民社会が、政府や業界とともに、躍動的なグローバルシステムにたいして不可欠の貢献を果たしていることが注目されてきている」と述べています。*

＊　報告「市民社会の将来の役割」（二〇一三年）「序文」より。

■「持続可能な開発目標」と市民社会

二一世紀にはいって、市民社会の役割はいっそう大きくなっています。その一つが、「持続可能な開発目標」（ＳＤＧｓ：Sustainable Development Goals）をめぐる動きです。

二〇一五年九月二五日～二七日、ニューヨークの国連本部で、「国連持続可能な開発サミット」が開催され、「我々の世界を変革する：持続可能な開発のための二〇三〇アジェンダ」（以下、「二〇三〇アジェンダ」）*を採択し、「持続可能な開発目標」を確立しました。貧困や飢餓の解決、ジェンダー平等、地球環境の保護と平和の擁護など、世界中の人々が安全で、豊かな生活を送れることをめざした一七の「目標」と、より詳細な一六九の「ターゲット」が設けられています。これらは二〇三〇年までに達成すべきものとされています。

＊　国連総会文書　A/70/L.10。

国連がはじめて、「持続可能」な世界のビジョンを示したのは、二〇〇〇年九月にひらかれた国連ミレニアムサミットで採択した「国連ミレニアム宣言」でした。この宣言を土台に、二〇一五年までに実現すべき「ミレニアム開発目標」（Millennium Development Goals：MDGs）が設けられました。さらにそこにいたる出発点は、一九九二年の「地球サミット」でした。その後の長年にわたるプロセスをへて、ＳＤＧｓの達成には、市民社会が不可欠だということが、国際社会の共通認識となってきたのです。

国連は、「二〇三〇アジェンダ」を策定する過程で、世界の市民の声を反映することに力を注ぎました。各国政府とともに、市民社会、教育・研究機関、民間企業を含む様々な関係者との協議を八八カ国、一一テーマでおこないました。世界約五二〇万人の市民が参加した調査「MY World」も実施されました。[*1]「二〇三〇アジェンダ」は、こうした「市民社会及びその他の関係者との間で行われた二年以上にわたる公開の協議と関与によって」でき上がったものです。[*2]

＊1　この結果をまとめた報告書《一〇〇万人の声：私たちが望む未来》は、「（調査結果は）何よりもまず、世界を形作り、変革する役割を果たそうとする途方もない意欲が、すべての国の人々にあることを示している」と述べています。"A Million Voices: The World We Want", United Nations Development Group 2013, p.1.

＊2　前掲、導入部第６項。

二〇〇〇年の「国連ミレニアム宣言」には、核兵器廃絶を含む平和と軍縮が大きな柱の一つとされていましたが、[*1]「ミレニアム開発目標」の八つの「目標」[*2]には、この項目はありませんでした。

二〇一五年のSDGsでは、「一七の目標[*3]」として「持続可能な開発のための平和で包摂的な社会」の実現がかかげられましたが、その目標達成に向けた「ターゲット」としてあげられているのは、「暴力に関連する死亡率の大幅減少」「武器取引の大幅減少」「暴力防止、テロリズム・犯罪の撲滅のための開発途上国の能力構築」などです。それ自体は重要ですが、核兵器廃絶など平和と軍縮の基本的な課題は見られません。日本政府は「我が国が重視する人間の安全保障の理念を反映した考え方」だと評価しています[*3]。「人間の安全保障」だけを強調して、国家レベルで解決すべき世界平和の基本課題が見過ごされてはなりません。

＊1　「Ⅱ　平和、安全および軍縮」の第九項目に「大量破壊兵器とりわけ核兵器の廃絶、その危険根絶のための方策を検討する国際会議の開催」が明記されていました。

＊2　①極度の貧困と飢餓の撲滅、②普遍的初等教育の達成、③ジェンダーの平等の推進と女性の地位向上、④幼児死亡率の削減、⑤妊産婦の健康の改善、⑥HIV／エイズ、マラリアその他疾病の蔓延《まんえん》防止、⑦環境の持続可能性の確保、⑧開発のためのグローバル・パートナーシップの推進。

＊3　一七の項目は以下の通りです。①貧困をなくす、②飢餓をゼロに、③人々に保健と福祉を、④質の高い教育をみんなに、⑤ジェンダー平等を実現しよう、⑥安全な水とトイレを世界中に、⑦エネルギーをみんなに、そしてクリーンに、⑧働きがいも経済成長も、⑨産業と技術革新の基盤をつくろう、⑩人や国の不平等をなくそう、⑪住み続けられるまちづくりを、⑫つくる責任つかう責任、⑬気候変動に具体的な対策を、⑭海の豊かさを守ろう、⑮陸の豊かさも守ろう、⑯平和と公正をすべての人に、⑰パートナーシップで目標を達成しよう。

した。

■気候変動問題

SDGsの最大の課題の一つでもある気候変動問題でも、市民社会が大きな役割を果たしてきました。

そもそも気候変動問題は、一九九二年の「地球サミット」の主要テーマでした。そこで締結されたのが、気候変動枠組条約です。一九九七年にこの条約に参加する政府による第三回締約国会議（COP3：Conference of Parties）が京都で開かれました。そこで採択されたのが、先進諸国にたいして温室効果ガスの削減目標を定めた初めての協定、「京都議定書」でした。その後アメリカは、「京都議定書」から離脱（未批准）しましたが、この削減目標を定めたことは、国際社会が温暖化に取り組む重要な一歩となりました。

この会議に参加した環境団体や国際NGOは、「京都議定書」を起草する段階から、積極的に関わり、大幅な削減目標を訴えました。市民の活動は会議場の内外で積極的にくりひろげられました。会場前では様々なデモンストレーションがおこなわれ、建物のロビーは、各国政府と話し込む市民代表であふれかえりました。「地球サミット」以来の「伝統」です。

二〇一五年一二月、国連気候変動枠組条約第二一回締約国会議（COP21）は、「京都議定書」につづいて二〇二〇年以降の長期目標を定めた「パリ協定」を採択します。この会議にはオブザーバーとして国際機関やＮＧＯから九四〇〇人もの人々が参加しました。なかでも「化石賞」で知られる環境ＮＧＯ、気候行動ネットワーク（Climate Action Network：ＣＡＮ）は、長年にわたる調査研究活動をベースに、政府間交渉にも大きな影響力を与えました。ＣＯＰ21の期間中も、各国政府と市民との意見交換、メディアへのブリーフィングなどの活動をおこない、会議の合意文書にも、その主張を反映させることができました。世界の平均気温の増加を産業革命以前に比べて摂氏二度より低く保ち、「摂氏一・五度未満」に抑えることをめざすという「パリ協定」の目標は、このＣＡＮが提起したものです。

気候変動問題では、市民社会が政策活動や対政府交渉とともに、大規模な行動で、意思表明をおこなっているのも特徴です。とくに、グレタ・トゥーンベリさんがストックホルムの国会議事堂前に座り込みを始めた二〇一八年八月二〇日以降、運動は大きく広がり、二〇一九年九月二〇〜二七日におこなわれた「グローバル気候マーチ」では、世界一八五カ国で六一〇〇件以上、七三の労働組合、八二〇の市民団体、七六〇万人以上が参加したといわれます。高い専門性と交渉力に加え、草の根からの世論結集があるからこそ、国際政治に大きな影響力を行使できるのです。

第3章　核兵器禁止条約はどう生まれたか

2017年7月7日、ニューヨークの国連本部で核兵器禁止条約が採択された瞬間、立ち上がり拍手する各国代表ら（しんぶん赤旗提供）

二〇一七年七月七日に国連本部で採択された核兵器禁止条約は、内容の点でも、成立のプロセスという点でも、これまでにない画期的なものでした。

1　核兵器禁止条約のどこが画期的なのか

■核兵器に「悪の烙印」を押す

もっとも大きな特徴は、史上初めて核兵器を違法なものとしたということです。原水爆禁止二〇一七年世界大会であいさつした中満泉国連軍縮担当上級代表は「（核兵器禁止）条約の核心は核兵器を否定し、それを国際法として成文化した点にあります」と述べました（長崎、二〇一七年八月七日）。

これまでも多くの核兵器にかかわる条約や協定が結ばれてきました。しかし、核兵器やその使用を違法化したものはありませんでした。

一九六三年に米英ソが調印した部分的核実験禁止条約（大気圏内、宇宙空間及び水中における核兵器実験を禁止する条約）は、地下以外の核実験を禁ずるものでした。ソ連などは当時、これを世界平和と核軍縮への重要な一歩だと宣伝しました。しかし、地下核実験は急増し、核兵器はうなぎのぼりに増えていきました。

米英ロ仏中の核五大国以外の核保有を禁止した核不拡散条約（核兵器の不拡散に関する条約、一九七〇年発効）も、「すべての核兵器の廃棄」をかかげていますが（同条約前文）、核兵器が違法だとはしていません。

包括的核実験禁止条約（一九九六年、未発効）は、地下を含むすべての核爆発実験を禁止する点では、意義あるものでしたが、核兵器の存在そのものを否定したものではありません。

米ソ（ロ）の間でむすばれた戦略兵器制限条約（一九七二年、一九七九年）や同削減条約（一九九一年、一九九三年、二〇〇二年、二〇一〇年）などの様々な条約も、核弾頭数の上限を定めたもので、いわば核軍拡競争のルールづくりでした。二〇一九年に米政権の一方的離脱で失効した中距離核戦力（ＩＮＦ）全廃条約（一九八七年）は、一つのカテゴリーの核兵器をなくすという点では意味がありました。しかし、それは、これらの兵器が違法だからではなく、核保有国が必要なくなったと判断したからでした。

しかし、核兵器禁止条約は、核兵器の使用が「**武力紛争に適用される国際法の規定、特に国際人道法の原則と規定に反していること**」を明確に述べています（前文）。

つまり、核兵器は国際人道法違反だ、ということです。国際人道法とは、戦争の手段や方法を規制したり、文民、病人や負傷した戦闘員、戦争捕虜のような人々を保護したりするための協定や条約です。つまり、無用な殺戮《さつりく》をさけ、民間人を守ることを目的にした、いわば戦争の「ルール」です。禁止条約では、核兵器の使用は「武力紛争の当事者が戦闘の方法および手段を選ぶ権利は無制限ではないという原則」「無差別攻撃の禁止」「攻撃の際の均衡性と予防措置の規則」「過度の傷害または無用の苦痛をあたえる兵器の使用禁止」「自然環境保護の規則」などに反するとしています。

これらはいずれも、ジュネーヴ諸条約の第一追加議定書（一九七七年）で定められているものです。

一九世紀後半以降、戦争が大規模になり、兵器も近代化して、これまでに比べても多くの犠牲者がでるようになりました。そこで、それを規制するために様々な条約がつくられました。ジュネーヴ諸条約とはそれらを土台に、一九四九年にまとめられたものです。その第一追加議定書*第三五条「基本原則」は次のように述べています。

1　いかなる武力紛争においても、紛争当事者が戦闘の方法及び手段を選ぶ権利は、無制限ではない。

2　過度の傷害又は無用の苦痛を与える兵器、投射物及び物質並びに戦闘の方法を用いることは、禁止する。

3　自然環境に対して広範、長期的かつ深刻な損害を与えることを目的とする又は与えることが予測される戦闘の方法及び手段を用いることは、禁止する。

核兵器がこれらの規定に反するものであることは明白です。禁止条約は、二つの世界大戦を経て、非人道的な戦争を規制しようとしてきた歴史の流れにそったものです。

＊　正式名称は、一九四九年八月一二日のジュネーヴ諸条約の国際的な武力紛争の犠牲者の保護に関する追加議定書（議定書Ⅰ）。ジュネーヴ諸条約を発展・補完するもので、赤十字国際委員会の草案を基に作成され、国際人道法会議で採択されました。日本は二〇〇四年に参加しています。

ジュネーヴ諸条約の第一追加議定書は、核五大国にくわえてインド、パキスタン、イスラエル、そして北朝鮮も批准しています。つまり禁止条約は、すべての核保有国が認めているものを、核兵器違法化の根拠にしているのです。これらの国が核兵器の使用を正当化すれば、それは自分たちが認めたものを否定することになるのです。

核兵器禁止条約は、核兵器の使用とともに「**使用の威嚇《いかく》を行うこと**」（第一条　禁止（ｄ））も禁止しています。これは「核抑止力」政策の違法化につながる重要なポイントです。その根拠としているのは、これもまたすべての核保有国が承認している国連憲章です。禁止条約の前文では、国連憲章が「武力の威嚇または行使を慎まなければならない＊」としたことを核使用の「威嚇」を禁止する根拠にしています。

＊　国連憲章　第二条四項。

このように核兵器禁止条約は、すべての国が受け入れてきたものを根拠に組み立てられています。

けっして、一方的な立場から主張されたものではありません。法的にも、理論的にも隙のない条約となっているのです。

核大国は、禁止条約ができたからといって「一発の核兵器の廃棄すらもたらさない」と批判しています。[*]もちろん核保有国が参加しなければ、核兵器をなくすことはできません。それを百も承知で、多くの非核保有国や市民社会がこの条約の成立をめざしたのは、「核兵器は違法である」という国際的な基準（規範）をうち立て、それを力に核兵器廃絶への前進を切り開こうとしているからです。それは、毒ガスなどの化学兵器や細菌兵器などの生物兵器といった大量破壊兵器が、まず法的に禁止され、そして廃棄へとすすんだ歴史的な経験をふまえたものでもあります。

＊　国連総会・第一委員会でのP5（米ロ英仏中）の共同声明（二〇一八年一〇月二二日）。

化学兵器も生物兵器も、第一次世界大戦の惨状をふまえ、一九二五年のジュネーヴ議定書[*1]で使用が禁止されました。第二次世界大戦後、米ソが化学兵器の分野でも軍拡競争を激化させたため、危機感を高めた国際社会は一九六六年、国連総会で「化学兵器及び細菌兵器の使用を非難する決議」を採択します。これにもとづいて一九七五年、生物兵器の開発、生産、貯蔵等を禁止し、その廃棄を目的とした生物兵器禁止条約[*2]が発効します（一九七二年署名）。さらに、化学兵器の開発・生産・貯蔵・使用を全面的に禁止するとともに、その廃棄を定めた化学兵器禁止条約[*3]も、一九九七年に発効しました（一九九三年署名）。いずれも、禁止から廃絶へという流れです。

＊1　窒息性ガス、毒性ガス又はこれらに類するガス及び細菌学的手段の戦争における使用の禁止に関

する議定書。

＊2　細菌兵器（生物兵器）及び毒素兵器の開発、生産及び貯蔵の禁止並びに廃棄に関する条約。

＊3　化学兵器の開発、生産、貯蔵及び使用の禁止並びに廃棄に関する条約。

国連会議で核兵器禁止条約に賛成票を投じた国は一二二カ国、国連加盟国のおよそ三分の二です。これだけの国の賛成で成立したということは、核兵器禁止条約は、すでに世界の多数の意思を示した法的な規範、国際的なルールだといえます。核保有国にとって、核兵器の違法化は、もっとも受け入れたくないことです。核大国は口をそろえてこう言います。

「われわれは、この条約を支持しないし、署名や批准をしない。核兵器禁止条約が、われわれに拘束力をもつことはないのであり、この条約が慣習国際法の発展に貢献するとのいかなる主張も受け入れない。それはまた、いかなる新たな基準や規範も設定するものではない」＊。

＊　前掲、P5共同声明。

条約に参加しないのであれば、その義務に拘束されることはありません。しかし、わざわざこのように強く反発するところに、核保有国の「焦り」と「弱み」が表れています。

かつて、クラスター弾禁止条約ができたときに、オランダのマキシム・フェルハーヘン外相（当時）はこう言いました。「（条約の）署名式に来なかった国も、クラスター爆弾を簡単に使うことはできなくなった」（毎日新聞二〇〇八年一二月五日付）。核兵器禁止条約についても同じことがいえます。核兵器の違法化が世界の常識となり規範となれば、条約に署名していない核大国やその同盟国も、大きな政治的、道義的圧力をうけます。

国際法には、慣習国際法とよばれるものがあります。国際司法裁判所は、国際法の法源（裁判をおこなう際の基準となるもの）として「法として認められた一般慣行の証拠としての国際慣習」を適用するとしています。* これが成立するためには、その行為が国際的に一般的であること（一般慣行）と、国家がそれを国際法に合っていると確信して行動すること（法的確信）の二つが必要だといわれています。核兵器にあてはめるなら、その不使用はすでに「一般的」であり、国際社会の圧倒的多数が、そのことが正しいと信じているわけですから、慣習国際法の要件を満たしているといっていいでしょう。核兵器禁止条約は、紙の上に書かれた文言ではなく、慣習国際法と同じ力を、すでに持っているといえるのです。

＊ 国際司法裁判所規程三八条一項b。

■大国主導の交渉からの転換

核兵器禁止条約のもう一つの画期的な意義は、これがつくられたプロセスにあります。先に紹介した核兵器にかかわる条約は、ほとんどが米ソ（ロ）など核大国の主導のもとにつくられました。核兵器禁止条約成立の過程は、こうした交渉とは大きく異なります。一部の大国ではなく、平等の立場で参加した多数の国がリードしました。そして、もう一つは、市民社会がその交渉の止式の構成員として参加したことです。この点で、核兵器禁止条約は、前章で述べた世界の「構造変化」が生きた力を発揮した象徴的なできごとでした。

禁止条約は、被爆者をはじめ市民社会の役割を明記しています。「**核兵器完全廃絶の呼び掛けに示された人道の諸原則を推進するための市民的良心の役割を強調し、またその目的のための国連、国際赤十字・赤新月社運動、その他の国際・地域組織、非政府組織、宗教指導者、国会議員、学術研究者、ヒバクシャの取り組みを認識**（する）」。

「市民的良心」とは、核兵器廃絶を訴え、行動する市民の熱意といってもいいでしょう。そして、国連や国際組織とともに、「非政府組織、宗教指導者、国会議員、学術研究者、ヒバクシャ」という、反核世論を広げてきた市民社会の構成員を列挙していることも、他の核兵器に関する条約には見られない点です。条約の文言そのものに、市民社会の貢献が記されているのです。

対人地雷禁止条約（一九九七年署名。一九九九年発効）やクラスター弾禁止条約（二〇〇八年署名。二〇一〇年発効）も、市民社会の後押しをうけて実現したものでした。その意味で、核兵器禁止条約に先立つ、重要な成果です。しかし、核兵器はこれらの兵器とは違って、大国の戦略に深く関わる高度な政治的問題です。そうした問題で、市民社会の貢献が明記されたことは特別の意義があります。

禁止条約は核大国やその同盟国が交渉をボイコットし、妨害をはねのけて、かちとられた成果です。国際政治の主役が、一部の大国から、圧倒的多数の諸政府と市民社会に交代しつつある、そのことを目に見える形で突き付けたのが、核兵器禁止条約の成立でした。

2　前史——一九四五年～ソ連崩壊

核兵器禁止条約にいたる歴史は、市民社会と諸国政府の共同が、力を発揮していくダイナミックな過程でした。それを戦後の核軍縮交渉の歴史からみたいと思います。

■戦後政治の原点

アメリカが広島と長崎に投下した原子爆弾は、人類の破滅を予感させる衝撃を世界に与えました。核兵器の問題は、戦後の国際社会がまず取り組まなければならない課題でした。

ロンドンで開かれた第一回国連総会は、その第一号決議*で、「原子兵器および大量破壊兵器に応用できるその他すべての主要兵器を各国の軍備から廃絶すること」を任務とする国連原子力委員会の設立を満場一致で決議しました（一九四六年一月二四日）。

＊　決議「原子力の発見によって提起された問題に対処するための委員会の設立」、A/RES/1(I)。

国連原子力委員会の第一回会議は四六年四月一六日からはじまりましたが、冒頭から米ソ二大国が駆け引きをくりひろげました。アメリカは、原子力の国際管理を確立したのちに、やがては原爆の製造停止、廃棄にすすむという提案をおこないました。当時、原子力を実用化していたのはアメリカだけですから、これは事実上、当面アメリカが原子力を独占することを意味しました。一方、ソ連は、まず使用と製造を禁止し、すべての廃棄後に、原子力の国際的管理を主張しました。原爆開発に着手しながらもアメリカに後れをとっていたソ連は、まずアメリカの手を縛ることが先だと考えました。

ソ連が一九四九年八月二九日、核実験を成功させ、原子爆弾を保有します。一方、アメリカはこれに対抗して、より巨大な威力をもつ水素爆弾の開発をすすめます。この時期、ソ連は国連総会でくり返し「原子兵器の無条件禁止」を訴えています。それ自身は積極的な意義をもつものですが、核兵器開発で先行するアメリカを牽制《けんせい》する狙いもありました。実際ソ連はその後、アメリカと核軍拡を競うようになっていきます。

一致点を見いだすために国連は一九五三年、問題を「非公式に検討する」小委員会を設立します。そのメンバーはアメリカ、イギリス、ソ連、フランス、カナダの五カ国だけでした。「まず大国だけで話をつけてくれ」と言っているに等しいものでした。この「非公式」会議は一九五四年から五七年までに一五七回開かれました。この時期は、朝鮮戦争の休戦（一九五三年）などもあり、「雪どけ」といわれる米ソの緊張緩和がすすんでいました。結果として小委員会は、段階的に核兵器廃絶の目標へむかうという、米ソが核保有を認め合う方向で妥協していったのです。

一方、アジアやアフリカの国々からは、核兵器廃絶を求める新しい流れが生まれつつありました。第2章で紹介したアジア・アフリカ会議（バンドン会議、一九五五年）が採択した最終声明は、「軍縮および原子核・熱原子核兵器の生産・実験・使用の禁止が人類と文明を全面的破壊から救ううえで不可欠である」と述べ、「主要な関係国および世界世論にたいし、軍縮と原子兵器の禁止を実現するよう訴える」としたのです。米ソが核兵器と軍事同盟で覇権を競い合うもとで、どちらの軍事同盟にも入らない国々の確固たる意思表示でした。核兵器廃絶は、非同盟運動の原点でもあるのです。

非同盟運動の原点

一九六〇年に米英仏ソの提唱で、国連から独立した軍縮交渉の場として、一〇カ国軍縮委員会[*1]がジュネーヴに設置されました。アメリカを先頭とする西側五カ国、ソ連の東側五カ国という構成で、世界の大多数の国を蚊帳《かや》の外においた、米ソ両陣営の話し合いの場でした。一九六二年にはアジア・アフリカ諸国にも扉を開かざるを得なくなりましたが、その数は八カ国にとどまりました[*2]（一八カ国軍縮委員会）。現在のジュネーヴ軍縮会議（CD：Conference on Disarmament）が、多くのアジア、アフリカ、ラテン・アメリカの国々を含む、九〇カ国の参加[*3]で開かれていることと比べると、いかに大国が「主人公」で、東西対決が「土俵」の交渉だったかがわかります。

＊1　西側：カナダ、フランス、イギリス、イタリア、アメリカ、東側：ブルガリア、チェコスロヴァキア、ポーランド、ルーマニア、ソ連。
＊2　ブラジル、ビルマ、エチオピア、インド、メキシコ、ナイジェリア、スウェーデン、アラブ共和国連邦。
＊3　正式メンバー：五三カ国。非正式メンバー：三七カ国。

■核独占体制の確立――NPT

一九六〇年にフランス、一九六四年に中国が核実験に成功したことで、米ソは核兵器を独占する体制づくりを急ぎます。一八カ国軍縮委員会で一九六五年から一九六八年にかけて交渉して、つくられたのが核不拡散条約（NPT）でした。

NPTは「一九六七年一月一日以前に核兵器その他の核爆発装置を製造しかつ爆発させた国」（米ロ英仏中の五カ国）を核兵器国と定義し（第九条）、それ以外の国には核兵器を受領、製造、取得するなどを禁止しました（第二条）。核戦力の独占的支配をねらってきたアメリカと、核独占に同じ「価値」を見いだしたソ連の利害が一致したのです。

これは、「持てる国」と「持たざる国」を固定化する、まったく不平等な条約です。それにもかかわらず、これが成り立つのは、核兵器の廃絶を目標にかかげているからです。第六条は、軍拡競争の停止、全面完全軍縮とともに、「核軍備の縮小撤廃に関する効果的な措置」、すなわち核兵器廃絶に関する「条約について、誠実に交渉を行うことを約束する」と規定しています。当面は核兵器を持つのは五大国に限るが、最終的には廃絶する、ということでバランスをとったのです。しかし、五大国の核保有を認めながら、核兵器をなくす交渉をおこなう約束をするというのは、ある意味、矛盾であり、これがその後の論争点となっていきました。

ＮＰＴは、最も多くの国が参加する条約の一つです（締約国は一九一カ国・地域。二〇二〇年一月現在）。しかも、五年に一度、その締約国が参加する条約の運用再検討会議（以下、再検討会議）の決定には一定の拘束力があります。国連総会の決議は、加盟国の多数意思を表しますが、強い拘束力はありません。それと比べ、より実効性の高い会議といえます。再検討会議は、ＮＰＴが守られ、実行されているかを点検するものですが、核軍縮をめぐる激しい議論の場にもなってきました。したがって、ここからは、再検討会議の歴史を中心にみていきたいと思います。なお、ＮＰＴに関連して米ロ英仏中の五カ国を指すときは「核兵器国」という条約上の用語を使います。

■米ソ時代のＮＰＴ再検討会議

第一回再検討会議（一九七五年）から、核兵器を「持てる者」と「持たざる者」の矛盾が表面化します。非核兵器国は、核兵器国が第六条の義務を果たしていないことを批判しました。米ソは一九七二年に締結した戦略兵器制限交渉（ＳＡＬＴⅠ）の合意は、第六条を実行するものだと主張しました。しかし、これは両国の保有する弾道ミサイルの数量を認めたうえで、追加をおこなわないことを確認したにすぎませんでした。議論の末に採択された最終宣言は、米ソの様々な軍縮協定を歓迎する一方で、核軍拡競争が続いていることへ深刻な懸念を表明し、核兵器国に第六条を実行する努力を促すものとなりました。

第二回会議（一九八〇年）では第六条の実施について、より激しい議論がおこなわれました。多くの非核兵器国は、核兵器国がこの「義務」を果たしておらず、努力を強めるべきだと主張しました。核兵器国側は、包括的核実験禁止条約（ＣＴＢＴ）づくりに努力していること、戦略兵器制限交渉（ＳＡＬＴⅡ）で合意したこと（一九七九年）などをあげて、「努力」をアピールしました。結局、この第六条をめぐる対立は解消されず、合意文書も採択できないまま閉幕しました。

第三回会議（一九八五年）は、米ソの核軍拡競争がもっとも激化した時期にひらかれました。一九八六年には、世界の核弾頭は史上最大の七万発に達していました。非核兵器国は、核兵器の近代化と増加という「垂直拡散」が、核保有国内で進んでいることを批判しました。国から国へという「水平拡散」という点でも、イスラエルや南アフリカの核保有が問題とされました。この会議では、核実験の「モラトリアム」と「核凍結」を核兵器国に求める決議を採択するかどうかが議論となりましたが、最終的には双方が妥協して、「最終文書」が採択されることになりました。そこには、「（米ソ）両国の二国間交渉が究極的には、あらゆる場所での核兵器の完全廃絶につながるであろうと信じている」と、米ソに過大な期待をかける表現もみられました。

第四回会議（一九九〇年）では、ＣＴＢＴ、消極的安全保障（非核兵器国に核兵器で攻撃しないこと）、平和利用などが焦点となりました。核兵器開発が続いていることに批判が出る一方、アメリカのブッシュ（父）大統領とソ連のゴルバチョフ最高会議議長が「冷戦の終結」を宣言する（マルタ会談、一九八九年一二月）などの、米ソの緊張緩和を評価する声も多くありました。

このように米ソ対立時代の再検討会議は、第六条をめぐる議論はあっても、現実には米ソの交渉によるほかになく、核兵器廃絶にむけた一歩が踏み出せない状況でした。米ソは一九七〇年～一九八〇年代の世界的な反核運動の高まりにおされて、また、互いの核軍拡を調整するために、核兵器の部分的な削減や活動の制限について交渉をし、先に述べたように、いくつかの条約を結びました。しかし、それらはいずれも核兵器廃絶を目標としたものではなく、多くは核軍拡競争のルールづくりでした。これでは第六条の議論にあらわれたＮＰＴの矛盾は解決しません。非核兵器国は、フラストレーションを高めながらも、米ソの「核軍縮」努力を「歓迎」するなど、核大国に廃絶を正面から強く迫るという点では、弱さがありました。

■ＮＰＴの無期限延長――一九九五年

ソ連の崩壊、米ソ対決構図の消滅で、大きな転機がおとずれます。非同盟運動はこのもとで、新しい世界のあり方を構想するという課題にいどみました。この点は第2章でも述べましたが、ここでは、核軍縮の分野にしぼって、詳しくみていきたいと思います。

第一〇回非同盟諸国首脳会議（一九九二年、ジャカルタ）は、米ソ対立が消滅した後の新しい世界の秩序は「すべての核兵器とその他のすべての大量破壊兵器のない世界を維持する」ものでなければならないと宣言します（「最終文書」）。インドネシアのスハルト大統領（当時）は、「世界の二極大国構造の崩壊後（中略）軍縮のための努力を倍加する必要がある」と述べ、「核破局の危険を取り除くのは、（中略）すべての国家と国民の運命と関心にかかわる最緊急課題だ」と訴えました。首脳会議宣言「ジャカルタ・メッセージ」には、その後の非同盟運動の主張となる「具体的な時間枠内」での核兵器廃絶も明記されました。そして、首脳会議は、一九九五年の第五回ＮＰＴ再検討会議に、こうした立場でのぞむことを確認し、非同盟運動のメンバー国を再検討会議の議長に推すことを決定したのです。[*]

＊　一九九五年以降、議長はすべて非同盟国です。

一九九五年の再検討会議では、核兵器国が条約の無期限延長の決定を強行しました。[*] しかし、そのことは核独占（不拡散）を永久（無期限）につづけるのか、第六条の義務を果たすのか、という、この条約の根本問題をうきぼりにするものとなりました。もはやアメリカの西側か、ソ連の東側かという構図は消え、核兵器を持つ一握りの大国か、圧倒的多数の持たぬ国か、という真の構図があきらかとなったのです。こうしてＮＰＴ再検討会議は、核兵器廃絶を議論する有力な枠組みとして発展していくことになりました。「構造変化」の力が発揮される条件が整ったのです。

＊　条約は発効から二五年後、無期限に効力を有するか、追加の一定期間延長されるかを決定することを定めていました（第一〇条）。核兵器国側はＣＴＢＴの締結、中東非核地帯会議の開催などを約束する「譲歩」と引き換えに、これをおしきったのです。

なお、一九九五年の再検討会議は反核運動の発展という点でも、重要なきっかけとなりました。日本の反核運動は米ソ対立の時代も、核兵器廃絶を中心課題にすえてきました。一方、欧米の運動のなかには、核軍拡競争が激しいもとでは、さしあたって核軍備の増強を「凍結」すべきだ、といった主張もありました。また、アメリカの宇宙防衛イニシアチブ（ＳＤＩ）を阻止することを優先すべきだとするなど部分的な措置だけを求める傾向が一部にありました。

ソ連の崩壊とＮＰＴ無期限延長によって国際政治の舞台でも、核兵器廃絶が正面から議論されることになり、世界の反核運動の中でも、核兵器廃絶を中心課題にすえて共同を発展させようという機運が高まりました。「廃絶二〇〇〇」という国際的ネットワークができたのもその一例です。

私は一九八〇年代から、世界各国の平和運動の会議に参加してきました。そのときに一番苦労したのが、核兵器廃絶を「緊急中心」の課題にするということでした。ソ連の平和団体（実際は、「ソ連共産党」の出先機関）が、ことさら「緊急」に抵抗しました。ソ連はいずれ廃絶することに賛成だが、いまはアメリカとのバランスが重要だ、というわけです。一九八五年にモスクワでおこなわれた会議では、私の執拗な反論がソ連当局の逆鱗《げきりん》にふれたようで、厳寒のなかホテルを追い出されてしまいました。「赤旗」特派員のアパートに泊めていただいて、会議場に出向いて、論戦にいどんだものでした。それだけに、この反核運動の発展は、感慨深いものがありました。

3　市民社会の参加――ＳＳＤＩ（一九七八年）～ＩＣＪ勧告（一九九八年）

核軍縮交渉の「蚊帳の外」におかれていた市民社会に、参加の道がひらかれたことは、もう一つの大きなできごとでした。その背景にも非同盟運動の尽力がありました。

■国連軍縮特別総会（ＳＳＤⅠ）――一九七八年

市民社会が軍縮交渉の表舞台に登場するきっかけとなったのが、第一回国連軍縮特別総会（ＳＳＤⅠ、一九七八年）でした。軍縮問題に限って総会を開くというのは国連の歴史でもはじめてのことでした。この開催を強く求めてきたのが非同盟運動でした。第四回非同盟諸国首脳会議（一九七三年、アルジェ）は、アメリカがソ連との融和政策をとる一方で、核軍拡とベトナムなどへの侵略政策をすすめていることをきびしく批判し（「政治宣言」第一六節）、「核兵器の使用、生産、貯蔵、実験の全面禁止」を求めました。そして、これら目標の実現のため「世界軍縮大会」をすみやかに開催することを要求したのです（前掲、第七六節）。

非同盟運動は、市民社会が特別総会の準備段階から参加できるように努力しました。SSDⅠ準備委員会（一九七七年）では非同盟運動の提起で、①NGOの本会議への参加、②NGOが提出する文書の政府代表への配布、③準備委員（政府代表）との直接接触（協議）、が認められました。結果として、NGOは総会に参加（傍聴）するだけでなく、政府代表を前に発言をする機会を与えられました。これ以降、第二回特別総会（SSDⅡ、一九八二年）でも、第三回（SSDⅢ、一九八八年）でもNGOは発言の機会を得ることができました。とくにSSDⅡで、自らの被爆写真をかざしながら訴えた、山口仙二氏の演説は、世界に大きな衝撃を与え、その後も長く語り継がれるものとなりました。ニューヨーク市内でSSDⅡに向けた行進（六月一二日）には一〇〇万人が参加し、米国史上最大の規模と言われました。集結地のセントラルパークは、入りきれない人たちであふれかえったほどでした。

これ以降、市民社会が国連総会、軍縮会議（ジュネーヴ）、NPT再検討会議などの場で、政府代表と接触し、協議の場を持つことが可能となりました。また、会議の議長が認めれば、意見表明の機会も与えられるようになったのです。

■核兵器条約（ＮＷＣ）——一九九六年

一九九五年のＮＰＴ再検討会議で、国際政治の中心課題となった核兵器廃絶を、条約によって実現しようという動きが生まれます。これが、後の核兵器禁止条約につながっていきます。

一九九六年四月、三つの国際ＮＧＯ*が「モデル核兵器禁止条約」（Model Nuclear Weapons Ccnvention, mNWC）を起草しました。これは、核兵器廃絶の可能性を法的、技術的、政治的に検証することが目的でした。

＊　国際反核法律家協会（IALANA）、核戦争防止国際医師会議（IPPNW）、拡散に反対する国際科学技術者ネットワーク（INESAP）。

非核兵器国政府の中にもこれを支持する動きが生まれます。コスタリカ政府は一九九七年一一月、mNWCを国連事務総長に届け、正式の国連文書として加盟国に配布させました（UN Doc. A/C.1/52/7）。コスタリカは、人口五百万ほどの中米の小国です。内戦をへて、平和を求める国民世論を背景に、一九四八年に常備軍（国軍）を廃止し、積極的な平和外交をすすめていることで知られています。二〇〇七年には、コスタリカとマレーシアがモデル条約の改訂版をＮＰＴ準備委員会に作業文書（NPT/CONF.2010/PC.I/WP.17）として配布しました。国連総会にも総会配布文書（A/62/650）として提出しました。ちなみにマレーシアは非同盟運動の一員であり、ＡＳＥＡＮの創設国の一つでもあります。紛争の平和解決などを外交の中心にかかげ、いっかんして核兵器廃絶に力を注いできました。

マレーシア政府は一九九七年の国連総会で、核兵器〔禁止〕条約（NWC）の交渉を要求する決議案を提出し、多数の賛成で採択されました（賛成一一五、反対二二、棄権三二）。以後この決議は、若干の更新をくわえながら、毎年提出されました。*

＊決議の表題は、「核兵器の威嚇《いかく》または使用の適法性に関する国際司法裁判所（ICJ）勧告的意見のフォローアップ」です。それはNWCが、「厳格かつ実効的な国際管理のもとで、全面的な核軍備縮小撤廃に向けた交渉を誠実に行い、その交渉を完結させる義務がある」としたICJの見解（後述）を根拠としたものだからです。

非同盟諸国と市民社会の共同が、核兵器禁止条約を国際政治の焦点に押し上げるうえで、その最初から重要な役割を果たしていたことがわかります。

■国際司法裁判所の勧告的意見――一九九八年

核兵器の使用やその威嚇が国際法に反するかどうか――この問題で国際司法裁判所（ICJ）が法的な判断（勧告的意見、一九九八年）を下すうえでも、市民社会が大きな役割を果たしました。

国際司法裁判所という国連の機関が、核兵器の使用について意見を表明したのはこれがはじめてでした。勧告的意見は「核兵器の威嚇または使用は武力紛争に適用される国際法の規則（中略）に一般的には違反するであろう」とし、基本的には国際法違反だとしました。しかし、「国家の存亡そのものが危険にさらされるような、自衛の極端な状況における、核兵器の威嚇または使用が合法であるか違法であるかについて裁判所は最終的な結論を下すことができない」として、核兵器使用に抜け道を残す問題点もありました。*

＊　勧告的意見は、七つの構成部分の一つひとつについて票決がおこなわれました。問題の「国家の存亡……」の部分では、一四人の裁判官が賛成七、反対七と真っ二つにわれました。賛否同数の場合は裁判長の投票によって決するため、議長の賛成で勧告的意見となりました。なお、NPT第六条と同様に、「厳格かつ実効的な国際管理のもとで、全面的な核軍備縮小撤廃に向けた交渉を誠実に行い、その交渉を完結させる義務がある」とした部分は、一四人全員が賛成しました。

この勧告的意見は、平和団体など国際NGOでつくる「世界法廷プロジェクト」という運動*が要求したものでした。この訴えをうけて、WHO（世界保健機関）総会が一九九三年五月に、つづいて国連総会が一九九四年一二月に、勧告的意見を要請する決議を（49/75K）採択し、実現したものでした。ここでも市民社会と諸国政府、とくに非同盟諸国との共同が力を発揮しました。例えば、右記の国連総会決議は、非同盟諸国をはじめ一一〇カ国の連名で総会に提案されたものでした。非同盟諸国の代表が国連総会決議やICJで意見陳述をするときには、NGOが政策的アドヴァイスをおこなうなど、密接な協力がすすめられました。

＊　反核法律家協会（ＩＡＬＡＮＡ）が一九九二年に、核戦争防止国際医師会議（ＩＰＰＮＷ）、国際平和ビューロー（ＩＰＢ）の協力を得て発足させたものです。これらの団体は、国連認定のＮＧＯでもありました。

■対人地雷禁止条約――一九九七年

この時期、市民社会と諸国政府との共同で、軍縮のための条約づくりを成功させる経験が生まれます。一九九七年に成立した対人地雷禁止条約です。

ここで重要な役割を果たしたのが「地雷禁止国際キャンペーン」（ＩＣＢＬ）でした。一七〇以上の団体（一九九五年時点）が参加したこの世界的な運動はまず、目標を共有する政府によびかけて、対人地雷を禁止する手段を協議する国際会議を実現します。カナダ政府の積極的なイニシアチブによって、市民社会と志を同じくする国だけで条約づくりがはじまりました。カナダは、アメリカに対してもイラク戦争反対を表明するなど、独自の外交路線をとってきた国です。市民社会が参加した条約づくりは軍縮分野では、前例のないこころみでした。重要なことは、これを支持する国際世論をひろげるために、さまざまなキャンペーン、行動をくりひろげたことです。対人地雷の非人道性を訴えることで、多くの国々の支持と参加をかちとることができました。

安全保障に関わる問題は、それまで国連ＮＧＯでも十分関与できなかった分野でした。その点で、一九九〇年代後半の核兵器の問題や対人地雷の問題での成果は、重要な前進でした。

4　核独占体制の矛盾――二〇〇〇〜二〇〇五年

一九九八年五月のインドとパキスタンのあいつぐ核実験は、世界に大きな衝撃を与えました。インドは一九七四年に、初の核実験を成功させましたが、「平和的利用」が目的で、核兵器は保有しないと言ってきました。しかし、一九九八年に誕生した人民党政権は、国境紛争などで緊張関係にあった中国やパキスタンへの「抑止力」として核保有に走ったのです。一方、パキスタンも一九七〇年代から核兵器開発を進めていましたが、インドの核実験（五月一一日と一三日）に対抗して、その半月後（五月二八日と三〇日）に核実験を実施しました。インドとパキスタンはともにNPTに未加盟です。

両国の核戦争が現実味を帯びたことに、国際社会は危機感をもちました。同時に、この事件は、新たな核保有国の登場を防げなかったという点で、NPT体制の矛盾とほころびを明らかにしました。

■「明確な約束」——二〇〇〇年再検討会議

この事態をうけて開かれた二〇〇〇年のNPT再検討会議では、多くの国が、NPT体制の維持を強調しました。重要なことは、議論が不拡散の態勢を強化せよ、といった方向ではなく、核兵器国はNPT第六条を真剣に履行すべきだという流れになっていったことです。つまり、「核兵器のない世界」へ前進してこそ、核兵器を持つ「衝動」をなくせる。核兵器廃絶に取り組んでこそ、「拡散」の危険を根絶できるということです。

この情勢に応える、新たな動きも生まれました。非同盟諸国だけでなく、西欧の中立国も含む国々が、「新アジェンダ連合*」という核兵器廃絶をめざすグループを結成したのです。その「結成声明」は「(核保有国が)保有する核兵器および核兵器能力を、迅速に、最終的、完全に廃絶することを明確に誓約しようとしないことについて、われわれはこれ以上容認できない。そのような行動を即座にとることを、これらの諸国に要求する」と強い調子で訴えました。第六条を「やる、やる」と言いながら、棚上げにしてきた核兵器国が、廃絶への決断をはっきり表明すべきだ、ということです。核兵器を実際に廃棄するには、一定の手順も、時間も必要ですが、それを理由に、廃絶を先送りしてきたことが、印パの核実験の元凶だ、というのがこのグループの共通の思いでした。

＊ 一九九八年六月九日、スウェーデン、アイルランド、スロベニア、ブラジル、メキシコ、ニュージ

ーランド、エジプト、南アフリカ共和国で結成。その後スロベニア（一九九八年）とスウェーデン（二〇一三年）が脱退。

市民社会の中でもこの時期、カナダの元軍縮大使、ダグラス・ロウチ氏を中心に国際NGO*が連携する「中堅国家構想」（MPI：Middle Power Initiative　一九九八年三月）がたちあげられました。これは、カナダ、ドイツ、スウェーデン、南アフリカ、日本など、核保有国と密接な関係にある「中堅」の国々と協力して、核兵器保有国に核軍縮交渉の圧力をかけることをめざしたものでした。ロウチ元大使をはじめ、元政府関係者なども参加したこともあり、「新アジェンダ連合」など政府との共同でも積極的な役割をはたしました。この活動が後に、核軍縮不拡散議員連盟（PNND）につながっていきます。日本共産党もPNNDの一員として核兵器禁止条約の国連会議に参加しました。

＊　反核国際法律家協会（IALANA）、国際平和ビューロー（IPB）、核戦争防止国際医師会議（IPPNW）、婦人国際平和自由連（WILPF）、核時代平和財団、核軍縮・不拡散議員連盟（PNND）など。

インド・パキスタンの核実験と、反核世論のひろがりを背景に、二〇〇〇年の第六回NPT再検討会議では、核保有国を含むすべての国が「保有核兵器の完全廃棄を達成するという明確な約束」（「最終文書」）を合意したのです。反核運動はこれをテコに「約束を実行せよ」と、核兵器国に迫る運動を発展させていくことになります。

■初の国際共同行動
――二〇〇五年再検討会議

二〇〇五年の第七回再検討会議は、この成果をさらに前進させることが期待されていました。しかし、二〇〇三年にイラク戦争を開始したアメリカのブッシュ政権は、核軍縮を議論すること自体に反対するという強硬な姿勢をとり、最終文書も採択できませんでした。ただ、この再検討会議は、市民社会が諸国政府との共同を発展させていくうえで、重要なステップとなったのです。

世界の反核運動は、この再検討会議に際してはじめて、ニューヨークでの国際共同行動（五月一日）をおこないました。日本からも被爆者を先頭に一〇〇〇人をこえる代表団が、数百万の署名をもって渡米しました。ニューヨークのセントラルパークの集会には、イラク戦争に反対する運動の高まりもあり、約四万人が参加しました。二万人をこえたニューヨーク市内のパレードにも大きな注目が集まりました。この行動は、現地の新聞が翌日一面トップで大きな写真入りで報じました。私は当時、地下鉄

2005年5月1日、ニューヨークでの行進に参加した日本原水協代表団（提供：日本原水協）

の出口から、その新聞を手にした人々が次々と出てくるのをながめながら、変化への希望を感じたものでした。また、印象的だったのは、私たちのパレードを励ますために、休日で閉まっている国連本部の前で手を振る外交官たちの姿がみられたことです。市民と諸国政府代表との新しい関係を予感させるシーンでした。

こうした市民社会の活動は、再検討会議の議論にも、大きな影響をあたえました。会議の閉幕（五月二七日）にあたってシエラレオネの代表は、こう発言しました。「核兵器の脅威から人類を救うという私たちの道義的義務について、過去四週間にわたって絶えず私たち政府代表に思い起こさせてきた、市民社会と個人に敬意を表したいと思う」。

多くの政府代表が同じ気持ちを抱いたに違いありません。とりわけ、被爆者をはじめとする市民の生の声は、人間として歩むべき道を外交官たちに思い起こさせました。私はかつて、核兵器禁止条約成立の先頭に立ってきたある国の外交官にこう尋ねたことがあります。「あなた方は核兵器の被害や脅威を直接受けているわけではないのに、なぜ核兵器廃絶に熱心なのですか」。彼はこう答えました。「それは、被爆者の話を聞いた私の個人的な誓約だからです」。もちろん外交官ですから、第一に従うべきは政府の方針です。しかし、一人の人間としての「誓い」と決意が、非核保有国の揺るがぬ姿勢を支えているのです。「草の根」でも、国際政治の舞台でも、新しい行動は、人が人の心に直《じか》に働きかけ、そして変化を生み出すことからはじまるのです。

二〇〇五年の再検討会議は、最終文書を採択できなかったため、マスコミも「決裂」「失敗」など報じました。しかし、市民社会にとっても、国際政治にとってもこの年のニューヨークでの体験はとても大きな意義をもつものとなったのです。

5 核兵器禁止条約への胎動――二〇一〇～二〇一五年

二〇一〇年の再検討会議で、核兵器禁止条約がおぼろげながら見えはじめます。

■「枠組み」と市民社会――二〇一〇年再検討会議

再検討会議としてはじめて、「核兵器のない世界」を実現する具体的な手段の必要性が合意されたのです。アメリカのバラク・オバマ大統領が、「核兵器のない世界の平和と安全」をめざすと述べたプラハでの演説（二〇〇九年四月五日）も、追い風となりました。

再検討会議で満場一致で採択された最終文書は次のように述べています。

「核兵器のない世界を実現、維持する上で必要な枠組みを確立すべく、すべての加盟国が特別な努力を払うことの必要性を強調する。会議は、国連事務総長による核軍縮のための五項目提案、とりわけ（中略）核兵器禁止条約についての交渉（中略）の検討を提案したことに留意する」

「禁止条約をつくる」とストレートに記していませんが、かぎりなくそこに近づいたといってい
いでしょう。この再検討会議で議長を務めたフィリピンのリブラン・カバクチュラン大使（当時）
は、これは「陰に隠れていた核兵器（禁止）条約を明るみに出して焦点をあてたものだ」*と述べま
した。核兵器禁止条約につながる重要な一歩を記したのです。この年の国連総会でも、カバクチュ
ラン氏は、「核兵器禁止条約の交渉を真剣に考えねばならない」と各国に訴えました。非同盟運動
はこの再検討会議の前年、二〇〇九年七月に開かれた第一五回非同盟諸国首脳会議（エジプト、シ
ャルム・エル・シェイク）の「最終文書」で、核兵器禁止条約の交渉を呼びかけていました。

＊　国連軍縮会議第二二回会合（二〇一〇年八月、さいたま市）。

さらに注目すべきは、最終文書ではじめて、市民社会の役割が明記されたことです。

「会議は、核兵器のない世界の達成に関連して諸政府及び市民社会からなされている新しい提案
及びイニシアチブに留意する」「すべての加盟国は（中略）各国政府、国連、他の国際及び地域機
構、そして市民社会による協力関係を支援してゆくことの重要性について合意する」「会議は、
決議*の履行に対する貢献として、市民社会が果たす役割の重要性をいっそう認識し、この点におけ
るあらゆる努力を奨励する」。

＊　一九九五年再検討会議で合意した中東非核地帯に関する会議開催の決議。

なお、二〇一〇年再検討会議でも二〇〇五年につづいて、被爆者を先頭にした国際共同行動が二

ユーヨークで大規模にくりひろげられました。「最終文書」は、こうした世界の市民の行動を反映したものでした。

潘基文《パンギムン》国連事務総長（当時）はNGO主催の国際会議に参加し、挨拶のなかでこう述べました。「私は、核兵器禁止条約を核保有国に迫ります。政府を動かすには、みなさんの力が必要です。各国政府に迫りましょう」。また再検討会議のカバクチュラン議長も、再検討会議の冒頭で演説し、六九〇万人分の「核兵器のない世界を」署名を受けとったことに触れて、「市民社会の熱意に応えなければならない」と訴えました。

その後の展開を考えると二〇一〇年は、核兵器禁止条約を展望したという点でも、市民社会の役割を認めたという点でも、重要な土台を築いた年でした。

■禁止条約にむけた「踏み切り」――二〇一五年再検討会議

二〇一〇年再検討会議をうけて二〇一二年の国連総会は、「核兵器のない世界」をめざして、具体的な「提案をつくり出す」ためのオープンエンドの作業部会を立ち上げます。[*1] 二〇一三年五月から八月にかけて、約八〇カ国が参加して議論をおこないました（核兵器国は欠席）。この作業部会は、様々なアイディアをテーブルにのせて意見を交換するのが目的でしたから、「核兵器のない世界」を実現する方法を決めたわけではありません。ただ、核兵器条約（NWC）から段階論まで、様々な案を議論したことは、大きな意味がありました。核兵器廃絶は遠い将来の目標ではなく、その実現の方法を具体的に議論するときをむかえている、という認識を広げるものとなったのです。

なお、作業部会が「多国間核軍縮交渉を前進させるアクターとして、国会議員、関連国際機関、とりわけ国連とその関係機関、市民社会、学者の役割を議論した」[*2]と、市民社会の役割も議題になっていたことは注目しておきたいと思います。

＊1　第六七回国連総会決議「多国間核軍縮交渉を前進させる」（A/RES/67/56）。オープンエンディッド（Open-ended）とは、特定の結論を出さず、自由に討論するという意味です。

＊2　オープンエンド作業部会の報告書（IV. 第四三項、二〇一三年九月三日）

二〇一五年再検討会議（四月二七日～五月二二日）では更なる前進が期待されていました。二〇一〇年の会議は、「核兵器のない世界」を実現する「枠組み」をつくることで合意したわけですから、その具体化が求められていました。約一カ月間の議論で、多くの非核兵器国は、単なる「約束」や「努力」の表明にとどまらず、そのための条約の交渉を早期に開始することを求めたのです。

非核保有国は攻勢的でした。初日から議論のイニシアチブをとったのは非同盟諸国でした。非同盟運動を代表して演説したイランのモハンマド・ジャヴァード・ザリーフ外相（当時）は、「核兵器の全面廃絶に向けた段階的な計画と決められた時間枠を含む、核兵器を包括的に禁止する条約の交渉を緊急に開始し、締結する」ことを強く訴えました。これに続いて、新アジェンダ連合、三三カ国が参加する中南米カリブ海諸国共同体（ＣＥＬＡＣ）、東南アジア諸国連合（ＡＳＥＡＮ）、ア

2015年4月26日、ニューヨークでの署名提出式。左から、アンゲラ・ケイン国連軍縮担当上級代表（当時）、タウス・フェルキNPT再検討会議議長（当時）、高草木博・日本原水協代表理事（提供：日本原水協）

ラブやアフリカの国々などが、核兵器を禁止する法的文書などの交渉開始を求めました。

非核保有国と市民社会の足並みはそろっていました。会議開催前日の四月二六日には、世界から集まった反核平和活動家がニューヨーク市内をパレードし、核兵器禁止条約の交渉開始を求めました。そして、アンゲラ・ケイン国連軍縮担当上級代表（当時）とタウス・フェルキ再検討会議議長に、原水爆禁止日本協議会（日本原水協）代表団が持参した六三三万人の署名と平和首長会議の一一〇万人の署名が手渡されました。署名を受け取ったフェルキ議長は、「核廃絶に向けた交渉開始を求める強い意思の表明として歓迎します」としたうえで、こう述べました。

「署名運動は、核兵器のない世界をつくるというより大きなプロセスの中で、一人ひとりの市民に果たすべき役割を与えるものです。軍縮は、（中略）究極的には人々の手にその成否がかかっているのです。多くの人々が声を上げれば、政治指導者たちは耳を傾け、彼らの意思に沿って行動することを学ぶでしょう」。

一国の外交官が、最後は世論が政治を動かすという「哲学」を語ったところに、市民と諸国政府の共同の深まりが感じられました。

なお、二〇〇五～二〇一五年までの三回のＮＰＴ再検討会議にむけて、日本原水協などが中心となって集めた署名は、総計一八〇〇万をこえますが、そのいずれもが、核兵器を禁止し、廃絶するための国際協定や条約の締結を求めるものでした。

二〇〇五年再検討会議に提出した「いま、核兵器の廃絶を」署名（五〇四万）は、「すべての国の政府は、核兵器廃絶国際協定の実現のために行動すること」を、二〇一〇年の「すみやかな核兵器の廃絶のために」署名（七〇〇万）は、「すべての政府に対し、核兵器全面禁止・廃絶の国際協定の実現にむけて速やかな協議開始」を求め、二〇一五年の「核兵器の禁止を」署名（六三三万）は、「すべての国の政府に、すみやかに核兵器禁止条約の交渉を開始するよう」求めました。

二〇一六年四月に内外の被爆者によってよびかけられた「ヒバクシャ国際署名」は「被爆者は、すみやかな核兵器廃絶を願い、核兵器を禁止し、廃絶する条約を結ぶことを、すべての国に求めます」としています。

「最終文書」をめぐる論戦

この二〇一五年の再検討会議で核兵器国は、核兵器を禁止、廃絶するための条約づくりにも、また、核兵器の非人道性を告発する議論にも強く反発しました。これらの問題をめぐる非核兵器国との対立は、最終文書をまとめる段階であらわとなりました。

①核軍縮、②不拡散、③平和利用というNPTの三つの柱にそってつくられた主委員会（Main Committee）が、最終文書の中身を提案することになっていました。実際の文書づくりは、主委員会のもとにある補助機関（Subsidiary Body）がおこないました。

核軍縮の分野で、最終文書に盛り込まれるべき内容をまとめた主委員会1の案（五月八日）は、「核兵器のない世界」を達成するためには、そのための条約や協定がない「法的空白」を克服すること、つまり、条約のような法的措置が必要であることを明記しました。そのうえで、核兵器禁止条約（nuclear weapon ban treaty）、核兵器廃絶の時間枠を含む包括的核兵器条約（comprehensive treaty on nuclear weapons）、そして様々な部分的措置をまとめた「枠組み合意」の三つの案を併記しました。

核兵器国は、この案文に強く反発しました。アメリカは、「法的空白」などというものは存在せず、段階的な措置で第六条を履行すべきだと主張しました。また「第六条は、核兵器の最終的な廃絶を達成するための時間枠または特定の要件を、何も求めていない」と述べ、フランスとともに時間枠を最終文書に明記することに反対しました。また、核兵器が人道的に受け入れられないものであるとの指摘や、核兵器国が六条の核軍縮の義務を怠っていることを意味する文言にも、ことごとく反対しました。結果としてアメリカ、フランス、イギリスは、この案はコンセンサスの基礎にならないと述べ、全面的な書き換えまで要求したのです。中国、ロシアも同調しました。

議論をかさねてきたものを、自分たちの意にそわないから破棄しろというやり方は、まさに大国の横暴にほかなりません。多数の非核兵器国も当然、こうしたやり方に強く反発し、激しい応酬となりました。多数の国々が「受け入れられない」と感じたのは、核五大国が「受け入れられる」ものだけを、世界に押し付けようとするやり方でした。

結果的に、最終案*には「すべての核兵器国に対し、自らの明確な約束（注：二〇〇〇年の合意）を実行するにあたり（中略）あらゆる種類の核兵器をさらに削減し、廃絶するよう呼びかける。これには交渉を通じたもののみならず、一国による措置、二国間の地域的あるいは多国間の措置を含む」（パラグラフ一五四、第四項）との文言がもりこまれました。二〇〇〇年再検討会議での合意を実行するために、条約のような多国間の取り決めもふくめて追求するということです。

＊　最終文案は五月二一日にいったん、発表されましたが、核軍縮部分については協議がつづけられ、その部分だけ五月二二日に議長提案という形で、配布されました。

また、そのことを議論する新たな作業部会の設置を、国連に提起していました。「会議は、国連総会がその第七〇回総会で、核兵器のない世界の達成と維持に貢献し、また必要とされる法的規定やその他の措置を含め、第六条の完全な実施のための効果的な措置を特定・策定するためのオープンエンドの作業部会を設置することを勧告する」（パラグラフ一五四、第一九項）としました。

非核兵器国の決断

核兵器国の横暴によって、最終文書の案文は、当初のものからかなり後退を余儀なくされました。

コンセンサス方式のこの会議の難しさでもあります。しかし、右にみたように案文には、その後につながる重要な中身がありました。背景には、二〇一〇年再検討会議の合意、それ以降の人道的議論の発展、核兵器を禁止し、廃絶する条約を求める世論の拡大など、情勢の大きな変化があったといえるでしょう。

しかし、最終文書はほぼ合意に達していたにもかかわらずアメリカ、イギリス、カナダの三カ国が土壇場で反対したため、採択できませんでした。反対の理由は、イスラエル（ＮＰＴ非加盟）が拒んでいる中東非核地帯会議の開催が盛り込まれていたからでした。

これは、コンセンサスをつくるために、ギリギリまで譲歩し、妥協してきた非核兵器国にとっては、大きな失望でした。それは平和運動にとっても同じでした。私も二〇一〇年の再検討会議に参加して、手ごたえを感じていましたから、この結末には強い憤りを感じました。同時に、現状を打開するには、これまでの延長でない、新たな行動の必要性も痛感しました。そして非核兵器国は、国際社会の多数の力でこの現状を打開しようという方向へと、舵《かじ》をきっていくのです。

再検討会議の閉幕にあたってオーストリア政府は、五〇カ国の連名で共同声明「人道の誓い」を発表しました（二〇一五年五月二二日）。オーストリアは、会議の最終局面で行き詰まりを打開するためにタウス・フェルキ再検討会議議長が集めた一九カ国のグループの一員でした。事態を突破できなかったことへの悔しさと、新たな行動への決意は、共同声明の次の一文にもあらわれています。

「この数週間の討論と、信頼しうる結果が得られなかったという事実、そして人道的で緊急な責務は、我々が切迫感をもって努力を続けなければならないことを、この上なく強調している」。

そして、慎重な言い回しながら、非核兵器国は核兵器を禁止、廃絶する「法的な措置」、つまり条約をつくるために行動すること、そのために市民社会と共同することを表明したのです。

「（すべての締約国に）核兵器の禁止と廃絶の法的空白を埋める効果的な措置を特定し、追求するよう呼びかける。我々はこの目的を達成するために協力することを誓う」「核兵器に悪の烙印《らくいん》を押し、禁止し、廃絶する努力において（中略）国会議員および市民社会などすべての利害関係者と協力することを誓う」。

共同声明の標題は「人道の誓い」でしたが、それはまさに、新たな前進を切り開くための決意表明でした。

■「人道性の議論」について

この「人道の誓い」声明は、核兵器の非人道性についての議論（以下、「人道性の議論」）を背景にしたものでした。その趣旨は、核兵器は非人道的な兵器だから、禁止し、廃絶しなければならないという主張です。これは、原水爆禁止運動の「原点」ですが、国際政治ではそれまで、こうした角度からの議論は活発ではありませんでした。核兵器といえば、もっぱら国家の安全保障の問題であり、軍事的な面からだけで議論される傾向がありました。

その流れを変えたのが二〇一二年四月に、オーストリア、ノルウェー、スイスなどが中心となって一六カ国の連名で発表された「核軍縮の人道的側面についての共同声明」でした。この三国はいずれも人道主義の伝統を持つことで知られます。「声明」は、核兵器が「無差別的な破壊力」によって「人道的に受け入れがたい結果」をもたらすことを指摘し、「いかなる状況の下でも決してふたたび使われないことが人類の生存にとって利益」であると強調します。そして、核兵器が使われないことを「保証する唯一の道は、その全面廃絶である」と訴えたのです。この動きの起点となったのは、二〇一〇年のNPT再検討会議でした。会議の最終文書は、「核兵器のいかなる使用も壊滅的な人道的結果をもたらすことに深い懸念」を表明したのです。再検討会議としてははじめてのことでした。

この声明にたいする支持は急速にひろがり、二〇一二年秋の国連総会では賛同国は三四に増え、翌二〇一三年四月には八〇カ国、その年の国連総会では一二五カ国になりました。日本はそれまでアメリカの「核の傘」を理由に参加を拒んでいましたが、内外の批判に押されて、この国連総会で初めて賛同しました。

また、核兵器の非人道性についての認識を深めるための政府間の国際会議が三回開かれ、核兵器使用の影響について多角的な議論がおこなわれました（第一回は二〇一三年三月、ノルウェーのオスロ。第二回は二〇一四年二月、メキシコのナジャリット。第三回は二〇一四年一二月、オーストリアのウィーン。第三回会議には一五七カ国が参加）。これらの会議には多くの市民社会の代表も参加しました。とりわけ、被爆者の証言が政府代表に大きな影響を与えました。

二〇一五年再検討会議では、この共同声明にたいする賛同は一五九カ国・地域にまで広がりました。核保有国はいずれも不賛同でしたが、NPT加盟国の八割をこえる国々が賛同したことは、会議の大勢がどこにあるかをはっきりと示しました。オーストリアのアレクサンダー・クメント大使は、「(賛同の広がりは)警鐘であり、核兵器への依存から抜け出す緊急かつ断固とした行動にむけて国際社会を結束させるものだ」(四月二九日)と述べました。

討論でも、多くの国が「人道性の議論」にたった訴えをおこないましたが、その道義的な力は大きなものがありました。アメリカの同盟国の中にも「核兵器使用の受け入れがたい人道的結果」を普及することの重要性を訴える国が出てきました。先にふれた三つの国際会議に参加してきたスロバキアは、「国家間でも核兵器(使用)の人道的側面にたいする関心が再び高まっている。(中略)核兵器の全面廃絶につながるプロセスを支持し続ける」「法的拘束力のある措置」を実現するために活動すべきだ、とまで述べました。

核保有国は当初、人道性の議論に敵意をむき出しにしました。米英仏は共同で「人道的結果のキャンペーンなどに(議論の)エネルギーが向けられているのは遺憾だ」(米英仏の共同声明、二〇一三年九月)と非難しました。しかし、この議論は、核兵器国への大きな圧力となっていきました。イギリスは「核抑止力」を肯定しながらも、「核兵器の使用によって破滅的な人道的結果が起きるという点には同意する」「非人道性に関する最近の多くの国際会議では、核軍縮の遅れにたいする失望感が鮮明に示された」と述べざるを得ませんでした（二〇一五年四月二七日）。また、フランスも、「核兵器の甚大な影響を全面的に認識する。核兵器は戦場の兵器として使われてはならない」とまで発言しました（四月二八日）。

核保有国といえども、核兵器がもたらす破滅的、非人道的な結果を肯定することは、誰にもできません。核兵器が非人道的で違法な兵器であることを認めるなら、その兵器は非合法化＝禁止し、廃絶しなければなりません。核保有国にとって、人道性の議論は大きなジレンマでした。一方、核兵器禁止条約をめざす動きにとっては推進力となりました。

被爆者と市民社会の貢献

国際政治の舞台でこうした議論を可能にしたのは、被爆者をはじめ、ヒロシマ・ナガサキの実相普及に力をそそいできたすべての人々の努力です。潘基文国連事務総長は二〇一五年再検討会議へのメッセージのなかで次のように述べました。

「核軍備撤廃の緊急性を疑う者に対して私は、被爆者の体験を聴くよう訴えたい。これらの勇気ある、不屈の人々の目を直視し、核兵器が何をもたらすのかもっとよく知るべきだと言いたい。（中略）私はこれらの証言者の参加に感謝し、現在の会議が彼らの警告に耳を傾け、結果を出すよう求める」（四月二七日）。

被爆者を前に核兵器を正当化できるのか、という迫力のある訴えでした。この再検討会議でもっとも深く印象に残った言葉の一つです。

最終文書案は、核兵器の非人道性の議論について述べた部分で、市民社会の貢献を指摘しています。「核兵器の人道的影響に対する関心が二〇一〇年から二〇一五年の再検討サイクルの間に高まっている」ことを述べたうえで、オスロ、ナジャリット、ウィーンで開催されたこの問題での国際会議で、市民社会がその知見を広げたことを指摘しています（パラグラフ一一五）。

討論でも、市民社会の役割が高く評価されました。

オーストリアは、市民社会の重要な役割を最終文書に含めることを提案しました。オーストリアや新アジェンダ連合の代表も、すべての軍縮関係の会合に、市民社会がいっそう関与することをよびかけました。

最終文書案は、市民社会との協力を次のように評価しました。「会議は、再検討サイクル中（注：二〇一〇年～二〇一五年）の市民社会とのより積極的な相互交流の拡大、条約の再検討プロセス、ならびに核軍縮と核不拡散の諸目標を追求するうえでの非政府組織との関係拡大を歓迎する」（パラグラフ四一）。ここには、市民社会の提案、イニシアチブを評価した二〇一〇年の再検討会議から、市民社会との関係がさらに発展していることが示されています。

6　条約はこう交渉された

ＮＰＴ再検討会議は、コンセンサスでの運営なので、一国でも反対すると、何も決められません。言いかえれば、核保有国が賛成しないと物事が決められないということです。もちろん世論の圧力で、追い詰めて、譲歩を引き出すこともありましたが、二〇一五年再検討会議では、その限界もうきぼりになりました。

どうすればこの状況を打開できるのか。その答えが、多数決方式をとる国連に、「土俵」を移すことでした。核保有国などが「拒否権」をもつ状況を、多数の力で打開しようとする非核保有国の戦略でした。

■オープンエンド作業部会――二〇一六年国連総会

それは二〇一五年の国連総会で実行に移されました。「人道の誓い」を発表したオーストリアをはじめ、コスタリカ、アイルランド、南アフリカ、メキシコなど一三カ国は共同で、「核兵器のない世界」を実現する法的措置を議論するためのオープンエンドの作業部会を招集する決議を提案したのです。*「法的措置」の交渉を国連主導でやろうという提案です。

＊ 決議「多国間核軍備撤廃交渉の前進」（A/C.1/70/L.13）。作業部会の正式名称は、「多国間核軍備撤廃交渉前進のための国連オープンエンド作業部会」。

この決議は賛成一三八カ国という、圧倒的多数の賛成で採択されました（反対一二、棄権三四。米ロ英仏中とイスラエルは反対、印パが棄権、北朝鮮は賛成。日本は棄権。二〇一五年一二月七日採択）。注目すべきはこの決議が「国際組織と市民社会の代表にも参加してもらう」と述べていることです。自由な意見交換の段階から市民社会に、正式の構成員として参加してもらおうというわけです。

作業部会は翌二〇一六年の二月から八月にかけて開かれました。多数で採択された会議の報告は、「核兵器の完全廃棄につながる、核兵器の禁止のための法的拘束力のある協定を交渉するための会議」を、二〇一七年に開催することを、国連総会に勧告しました。核兵器禁止条約を交渉する国連会議の開催がここで提案されたのです。もちろん、この会議も、「市民社会が参加し、貢献する」とされていました。*

＊ 議長報告、第六七項、二〇一六年八月一九日採択。

この勧告にもとづいて国連総会は、「核兵器を禁止し、全面廃絶にいたる法的拘束力のある協定について交渉する国連会議」を開催することを決議します。*この決議も、「国際組織および市民社会代表の参加と貢献を得て開催することを決定」しました。「貢献」とは抽象的な意味ではなく、会議で発言したり、文書で提案をしたりする具体的な活動です。市民社会は、「観客」ではなく、実質的に議論に参加する構成員の一員と位置づけられたのです。

＊ 決議「多国間核軍備撤廃交渉の前進」A/RES/71/258、賛成一一三、反対三五、棄権一三。日本は反対。二〇一六年一二月二三日採択。

提起された五つの案

議長報告は、提案された「協定」の案を五つに整理して、支持が多かった順に列挙しました。これは、国際政治で議論されていた、主なアプローチを網羅しています。核兵器をめぐる議論を整理するうえでも役に立つので、以下にポイントを紹介しておきたいと思います。

第一位は、「核兵器の完全廃棄につながる、核兵器を禁止する法的拘束力のある協定の交渉を開始する」という提案です。オーストリア、メキシコなどが主導しました。これは、核兵器の使用、保有、備蓄、開発、実験、生産などを広く禁止するが、「核兵器の廃棄に関する措置を含まず、（中略）核軍備撤廃に向けた中間的あるいは部分的な措置」です。核兵器禁止条約の「原型」といっていいでしょう。「過半数の国」がこれを支持したとされました。

第二位は、「包括的な核兵器禁止条約」です。これは禁止だけでなく、「特定の時間枠の中で核兵器を完全に廃棄するための段階的計画」を含むものです。報告では、核兵器保有国ぬきで「（核兵器）廃棄のための詳細な条項を交渉することは技術的に困難だ」とされました。非同盟運動が主張してきたものです。「多くの国」がこれを支持したとされています。

第三位は、「いくつかの国」が言及したのが「枠組み合意」です。「核兵器のない世界」の実現を合意した基本の条約をつくり、詳細は補助的な条約や議定書などで補ってゆくというものです。「新アジェンダ連合」が提唱してきたものです。

第四位は「いくつかの国」が論じた「ハイブリッド（混合）・アプローチ」。そして**最下位**が、「一定数の国」だけが支持した「漸進的アプローチ」です。これは核保有国などが主張する「ステップ・バイ・ステップ」の段階論で、核兵器廃絶を、事実上永久に先延ばしするものとして批判されてきたものです。

これをふまえて、作業部会は「具体的で効果的な法的措置」として、もっとも支持をあつめた「核兵器の完全廃棄につながる、核兵器を禁止する法的拘束力のある協定」、つまり核兵器禁止条約を交渉する「会議を二〇一七年に開催するよう、幅広い支持をもって国連総会に勧告した」のです。

■国連会議――第一会期（二〇一七年三月）

核兵器禁止条約を交渉する国連会議は、二回にわけておこなわれました。第一会期は二〇一七年三月、第二会期は六～七月でした。両会期とも議長は、コスタリカのエレン・ホワイト大使（ジュネーブ軍縮大使）がつとめました。

なお、米英仏ロ中をはじめ、すべての核保有国と、アメリカの「核の傘」に依存する国々（オランダを除く）は、この会議をボイコットしました。とくに唯一の戦争被爆国である日本が参加しなかったことは、国際的にも失望と批判をよびました。空席となった会議場の日本の席には、抗議の意もこめて折り鶴がおかれていたのが印象的でした。

条約の性格と目標

第一会期がはじまる時点で、条約の案文があったわけではありません。何もないところからのスタートでした。まず、どのような「協定」が必要なのか、というところから議論がはじまりました。

大きな問題の一つは、「禁止」と「廃絶」との関係でした。「禁止」とは核兵器を違法化することであり、「廃絶」は、それを廃棄することです。会議の正式名称が「核兵器全面廃絶につながる、核兵器を禁止する法的拘束力のある協定について交渉する国連会議」とされたように、つくられるべきものは、核兵器を禁止する条約でした。*「廃絶」を実行するための取り決めではありません。同時に「核兵器全面廃絶につながる」必要があります。したがって、つくられる条約のなかで、廃絶をどう位置づけるのか、核保有国はどういう形で参加するのか、が議論となりました。

＊　会議の名称に「条約」という言葉が使われていないのは、国際的な取り決めには、条約、協定、合意など様々な種類があるので、それをあらかじめ特定しないという意味です。

核兵器を禁止する条約ではあるが、廃絶をめざした第一歩だという点で、参加国の認識は一致していました。この流れを促進してきたオーストリアは、条約の前文には「核兵器のない世界」の実現が目的であることを明記すべきだと主張しました。二〇一六年のオープンエンド作業部会の議長国であったタイは「透明性のある、検証可能な、不可逆的な全面廃絶につながる禁止」が、この条約目的であるべきだと主張しました。インドネシアは、主要な目的は「核兵器の廃絶とさらなる違法化にある」と述べました。グアテマラは、禁止は廃絶と同義ではないが、禁止は廃絶の根本的な要素だと、その関係性について述べました。メキシコ、アイルランド、アラブ・グループも、議論される条約が完全廃絶への一つのステップであるという点で一致していました。

問題は、どのように「廃絶につながる」内容を条約化するのかということです。廃絶のためには、禁止条約とはべつに、廃絶のための追加の措置が必要であることを明記するというのが、一つの案でした。オーストリア、トリニダード・トバゴ、ジャマイカなどがこれを主張しました。

その一方で、スリランカのように、条約そのものの中に、廃絶に進む義務を明記すべきだという主張もありました。メキシコも、条約の中には廃絶を促す内容が必要だと述べ、ガーナは、廃絶を促進する基準やルールを設け、そのための枠組みを提供すべきだ、と主張しました。アルゼンチンは、「検証可能な廃絶」にむかう条項を設けるべきだとしました。

非同盟運動は、「時間枠」によって「期限を区切った核兵器廃絶」という考え方を主張してきましたが、それを条約の中に盛り込むことを提案しました。エジプトは、条約は「野心的で、包括的」であるべきだとして、「時間枠」の設定を主張し、ペルーは、「時間枠内での廃絶」を、（条約本文ではなく）別の議定書で定めることを提案しました。

廃絶と核保有国の参加

実際に核兵器を廃棄するのは核保有国ですから、当然、核保有国は条約にどういう手続きで参加できるのか、という議論に発展していきます。

キューバ、ナイジェリア、フィリピンは、核保有国が条約に参加する際に、廃絶の「時間枠」を設けることを主張しました。南アフリカも、核保有国が条約に参加した場合、一〇年を廃絶期間として提案しました。

メキシコは、核保有国の参加については、廃絶して参加するか、参加してから廃絶の計画をつくるかの二つの道があるとし、後者の場合、廃棄期間として一五年を提案し、オーストリアも同様の考えを示しました。ベネズエラは、加盟前の廃棄を主張しつつも、廃絶の時間枠を持って加盟することも否定しないとしました。ブラジルも、核保有国は廃棄以前に参加できるようにすべきで、参加にあたっては廃棄の詳細な計画の提出を求めるようにすべきとしました。

このように核保有国にとって「廃棄して参加」「参加して廃棄」の「二つの道」があるという考え方は、条約を起草していくうえで、重要なアイディアとなっていきました。

核兵器条約との関係

「核兵器条約」（ＮＷＣ）など、禁止だけでなく廃絶の手順をふくむ包括的な条約は、二〇一六年の作業部会でも二番目に多くの支持を集めていました。この会議でも、イランは、核兵器を禁止し、一定の時間枠内でそれを廃棄する包括的な条約を交渉、締結することが、もっとも効果的な方法であり、核兵器の禁止はその廃棄が伴わなければならない、と述べました。ただ多くの国が、禁止条約がそうしたアプローチと矛盾するものでないと、指摘したことも重要でした。

マレーシアは、モデル核兵器条約（mNWC）がより好ましいものだとしつつも、禁止条約はその一つの側面をなすと述べ、核保有国が後からでも参加できる柔軟性を条約は持つべきだとも主張しました。インドネシアも廃絶の「時間枠」を持った「包括的核兵器条約」を軍縮会議で交渉すべきとの構想は維持していると述べながら、当面は核兵器禁止条約の早期実現を支持しました。バングラデシュも、禁止条約は「包括的核兵器禁止条約」への一つの「ブロック」だと言いました。

このように、「禁止条約派」と「包括的条約派」は、けっして対立していたわけではありませんでした。実際、「包括的条約」を主張する多くの国が、禁止条約へも支持を表明したのです。

第一会期の到達

第一会期の議論で、つくられる条約が当面は核兵器を禁止するものだが、最終的には核兵器廃絶を目的にしている、という点で一致したことは重要でした。

それは「核保有国ぬきでも、とりあえず禁止条約をつくろう」という発想とはまったく違います。禁止条約が終着点ではなく、廃絶への中間的な措置と位置づけられているところが、「核保有国ぬきの条約」を目標とする考え方とは根本的に異なる点です。議論でも、この条約がオープン（すべての加盟国にひらかれた）でインクルーシブ（包括的）なものでなければならないということが、繰り返し強調されました。核保有国をとりこんで、核兵器を廃絶させることを真剣に追求している姿勢のあらわれです。

第一会期では、何を禁止すべきかについても、多岐にわたって意見が表明され、禁止条項を守っていることを検証する措置や「核被害者の権利と保障」なども議論となりました。条約案がないもとでは、ときとして議論があちこちに飛ぶこともあり、「いまやるべきことと、後でやるべきことを区別すべき」（ニュージーランド）といった声があがることもありました。しかし、全体として、条約の具体的な起草作業に向けて、方向性がはっきりしたといえるでしょう。

市民社会の参加

第一会期では多くの国の代表が、市民社会のこれまでの活動を称えました。

アイルランドのパトリシア・オブライエン大使（ジュネーヴ軍縮大使・当時）は、演説のなかでこう述べました。「市民社会のみなさんの支持と主張がなければ、私たちはこの地点まで到達することはできなかったでしょう。(中略)市民社会、被爆者、専門家、学術・研究者、そして明確に多数の国々による長期にわたる気高い提唱、証言、リーダーシップに導かれて、私たちはここ国連で、いまだ禁止の対象とされていない唯一残った大量破壊兵器について、禁止条約の交渉を開始する瞬間に到達したのです」。

オーストリアのアレクサンダー・マーシック大使(政治担当副大臣・当時)は演説の最後に「議長、お許しいただければ、一つの動議を出したい」と述べて、市民社会への感謝を表明しました。「核兵器を禁止するために何年も、何十年も活動してきた市民社会のメンバーに感謝したい。あなた方の献身的な努力や専門的知識、忍耐力によって、今、われわれはここに集まっているのだ。みなさんとともに活動するのは、われわれにとって名誉であり、喜びである」。

条約の議論でも、市民社会の貢献を条約の前文に明記すべきとの意見が表明されました。この会議にいたる市民社会の役割を、多くの国が認識していたことのあらわれです。

今回の会議が政府代表と市民社会代表によって構成され、運営されたことも画期的でした。反核運動をはじめ二二〇を超える市民団体が参加し、連日積極的な意見表明や提言などをおこないました。次章でくわしく述べますが、日本共産党も志位和夫委員長を団長に、市民社会の一員として参加しました。市民社会の「待遇」も変わりました。NPT再検討会議や国連総会などでは、傍聴席と政府代表席は明確に区別されます。しかし、今回は、市民社会代表の席には、マイクも名札の掲示板も、政府代表席と同じように配置されました。各団体の主張をまとめた文書は、各国政府と同様に国連文書として扱われ、会議場で閲覧できるとともに、ホームページにも掲載されました。この様子にマスコミも「存在感増すＮＧＯ　団体の主張、政府並みの扱い」（毎日新聞二〇一七年四月一一日付夕刊）と報じたほどでした。

特に際立った特徴の一つは、国際政治と市民社会のインタラクティブな（双方向の）議論がおこなわれたことです。これまでも、国連の会議などで市民社会の代表に発言の機会が与えられることはありましたが、正規の議事が終了した後になることがしばしばありました。しかし、今回は、毎日の政府代表の発言の後に、発言枠が設けられたのです。つまり、その日の政府代表の議論にかみ合ったかたちで発言することができたわけです。

赤十字国際委員会の代表、法律家、科学者などの専門家が、政府代表の前で意見表明をおこない、これに、政府代表が質問や意見を出して議論するパネル討論もおこなわれました（二〇一七年三月三〇日）。核軍縮交渉の場でははじめての試みでした。

このパネル討論では、廃絶にいたる道をどう保障するかという点が話題になりました。市民社会の側からは、「二つのアプローチがある。核保有国に廃絶させて、加盟させる。これは時間がかかるが、条約交渉に柔軟性をあたえられる。もう一つは加盟させて、廃絶させる。加盟時に別途協定を結ぶ必要がある。化学兵器条約がモデルになる」と意見表明があるなど、その後の交渉にとっても有意義な議論が活発におこなわれました。

これらは、禁止条約が市民と諸国政府の共同作業でつくられつつあることを実感させるものでした。

■国連会議――第二会期（二〇一七年六〜七月）

国連会議のホワイト議長は、第一会期で出された意見を集約して、草案づくりの作業に入りました。そして第一会期から一カ月半余りのちの五月二二日、条約の草案（以下、第一次案）が発表されました。核兵器禁止条約がはじめて、具体的な姿をあらわしたのです。

第一次案にもとづく第二会期の議論が、六月一五日から始まりました。第一会期の一般討論は国連総会会議場でおこなわれましたが、今回は第一会議室という、小規模な会場で審議がはじまりました。条文をつくり上げる実務的な段階に入ったことが会場の雰囲気からも伝わってきました。議事は、条約全体についての意見表明がおこなわれた後、議長が条文を一つずつ読み上げ、それを議論し、意見が出尽くしたら次の条文にいく、というかたちですすめられました。

会議初日に、中満泉・国連軍縮担当上級代表が演説をしました。国連会議ではじめての登場でしたが、会議の成功にかける意気込みを感じさせるものでした。中満氏は、この会議が「核軍縮交渉におけるもっとも意義深い、歴史的なものである」と強調したうえで、「英雄的で、疲れを知らぬヒバクシャが国際社会を『核兵器のない世界』にむけて導いてきた」と、賛辞をおくりました。

この勢いを逃さずに

具体的な条約案が出たこともあって、この勢いを逃さずに成立させようというのが、全体の雰囲気でした。

イランも、「七月七日までにまとめるという時間の制約を考えると、廃絶や検証の措置にはふれず、禁止だけの条約をつくるというのが実際的だ」と発言しました。イランはそれまで、廃絶を含む包括的条約が「最善の道」だと主張してきましたから、重点を禁止条約の成立にシフトしたことを感じさせました。「核兵器条約」（ＮＷＣ）を求めてきたマレーシアも「（条約は）一般的すぎず、また、詳細になりすぎないように」と述べ、明快で簡潔な条約づくりを主張しました。オーストリアは、禁止条約にたいする世論の「高い期待」があることを指摘し、会期中に成立させるために「多くの問題を今入れる必要はない」と述べました。その他の国も、「不必要な条項を追加せず、明確で簡潔な条約とすべき」（エジプト）、「検証問題などは詳細に立ち入らず、そのコミットメントだけを明記すべき」（ブラジル）など、禁止に焦点を定めて、まとめあげることを強調しました。

六月一九日午前に、第一条（禁止条項）の議論が終了し、つづいて、第二条～第五条（検証など核兵器廃棄の関連事項）、第六条（被害者援助や環境回復）、第七条～第一〇条（条約の実施）、第一一条～第二一条（最終条項）、といったくくりで条文を審議し、六月二一日までに、草案全体を通じた一巡目の議論を終了しました。

第二会期では、条文の一つひとつを吟味したこともあり、論点は多岐にわたり、多くの修正案が出されました。「修正案が多すぎて、フォローすることができない」といった「悲鳴」が、政府代表からも出るほどでした。条約を会期中に成立させるためには、「抑制的に議論すべきだ」（オーストリア）、「この条約は終着点ではない。時間的制約もふまえて議論する必要がある」（南アフリカ）といった意見も出されました。

六月二二日には早くも、それまでの議論を踏まえて、前文の改定案が議長から発表されました。つづいて六月二七日には、再改定された前文を含む条約全体の改定案（以下、第二次案）が発表されました。条約の策定作業としては、異例の早さです。

多様な意見や修正案の調整、合意づくりが大変な作業だったことはいうまでもありません。さらに、第二次案は国連の公用六カ国語で配布されなければならないため、その翻訳作業もありました。外交官や実務スタッフたちが必死で仕事をしたことがうかがえます。コスタリカが中心となったこの第二次案づくりの作業は、二七日の朝五時までつづき、翻訳作業の締切ギリギリの午前八時に国連本部に持ち込んだそうです。配布された第二次案には、校正ミスもあり、訂正がアナウンスされましたが、むしろ、そんなところにも、限られた時間内にやり遂げよう、という必死さが感じられました。

この第二次案の審議が二七日の午後からはじまり、さらに非公開の会合で詰められて、七月七日の採択にいたったのです。これもかなりギリギリの作業でした。六月三〇日の金曜日に条約の英語版が最終確定しても、そこからの作業は、土日を挟んだ七月三日と、七月四日はアメリカの独立記念日なので、五日と六日の三日だけという状況でした。

ホワイト議長が閉会の挨拶で、母親の誕生日パーティーにも出られないほど、詰めた作業をしたが、「良いプレゼント（禁止条約のこと）ができて、母も喜んでくれるに違いない」と語っていたのが大変印象的でした。

市民社会に関連して

第一次案では、先に述べたように、軍縮問題の条約としては画期的なことに、市民社会の役割が明記されていました。フィリピンとタイは市民社会の役割を、ナイジェリアは多くのNGOの努力を明記することを主張しました。こうした意見を反映して、採択された条約では、前文の市民社会などの貢献を述べた部分に、宗教指導者とともに、議員が新たに加えられました。

また、アイルランドは、平和教育を追加することを提案し、ローマ教皇庁、ブラジル、ベネズエラ、オーストリア、メキシコ、インドネシア、イランなどが賛意を表明しました。ローマ教皇庁は、平和教育と平和の文化を促進する教育者、宗教者の役割を明記するよう提案しました。イランは、宗教指導者や国会議員の役割を提案しました。また、南アフリカとオーストリアは、核実験被害者への言及も提案しました。これらはいずれも、最終的に採択された条文に盛り込まれました。

■いくつかの論点について

第二会期では、個々の条文についてのつっこんだ議論がおこなわれましたが、それらは採択された禁止条約を理解するうえでも、重要な内容を持っています。ここでは、いくつかの論点を紹介しておきたいと思います。

①条約の名称

第一次案では、名称の「条約」にあたる部分の英語は「Convention」でしたが、オーストリア、南アフリカなどから、「Treaty」にすべきとの意見がありました。これは廃絶の手続きまで含む、核兵器条約（NWC：Nuclear Weapon Convention）と区別して、条約の性格をはっきりさせる意味がありました。

なお、キューバは最終的な目標は廃絶であることをはっきりさせるために、「核兵器全面廃絶につながる核兵器を禁止する条約」とすることを提案しました。多くの国はその趣旨に理解を示しながらも、名称はシンプルにすべきと主張し、廃絶が目標であるとの趣旨は前文に反映することになりました。採択された条約では、以下の文章が、前文に入りました。「核兵器の法的拘束力をもつ禁止は、（中略）核兵器のない世界の実現と維持に向けた重要な貢献となることを認識し、そしてその目的のために行動することを決意し」。

②前文をめぐって

第一会期でオーストリアは、「核兵器が再び使われないようにする唯一の保障は、その全面廃絶である」という「人道の誓約」や国連総会決議で使われた文言を引用することを提案し、いくつかの国が賛意を表明しました。

これらの意見を反映して、採択された条約は冒頭から、核兵器の非人道性と廃絶の必要性を明快に訴えるものになりました。第一次案の「核兵器のあらゆる使用がもたらす破滅的な人道的結果と、また、いかなる状況の下においても核兵器が二度と使用されることがないよう、あらゆる努力を行う必要に重大な関心をもち」となっていた傍線部分は、採択された条約では「そうした兵器の完全**廃棄――それはいかなる状況の下においても核兵器が二度と使用されないことを保証する唯一の方法であり続ける――という当然の必要性を認識し**」と、より明快で、強い調子となりました。

国際人道法への言及を強めるべきとの意見も、ニュージーランドなど多くの国から出されました。核兵器の非人道性に言及した国連決議の列挙（ナイジェリア）、核不使用の倫理的義務（南アフリカ）や核兵器使用の「人道に対する罪」（イラン）を明記することなどが提案されました。先にも述べたように、これらが禁止条約の法的根拠を強化するものになりました。

第一次案でも人道法への言及はありましたが、採択された条約では「**すべての国がいかなる時も**

国際人道法および国際人権法を含む適用可能な国際法を遵守する必要があることを再確認し」という新たなパラグラフが設けられました。

なお、採択された条約の前文にある「**核エネルギーの平和利用の不可譲の権利**」は、第一次案にはない文言でした。第二会期で多くの国が、その明記を主張した結果、このパラグラフが新設されたのです。条約の牽引車《けんいんしゃ》となったオーストリアは原発ゼロ政策をとっているので、核エネルギーの平和利用問題を、第一次案で入れたくなかったのかもしれません。

③禁止条項——第一条をめぐって

第二会期の冒頭、ホワイト議長は「(第一条の)禁止条項については、徹底的に議論する必要がある。それは、将来にも有効な条約、つまり、いつかは核保有国を含め、すべての国に受け入れられるものをつくるということだ。そのことをめざして努力する必要がある」と述べ、あくまで核保有国が参加して、廃絶にすすむことを展望した条約であることを強調しました。

採択された条約が禁止したのは、核兵器の「**開発、実験、生産、製造、取得、所有、貯蔵**」、「**使用**」「**使用の威嚇《いかく》**」、締約国の領土と管轄地域への核兵器の「**配置、導入、配備の許可**」などです。核兵器にかかわる活動を包括的に禁止する、抜け道のないものとなりました。

第一会期では、「使用の威嚇」や「すべての核実験」などを明記すべきとの意見が出されましたが、第二次案の段階ではまだ取り入れられていませんでした。そのため第二次案でも、再び、これらは議論となり、最終的には、採択された条約に盛り込まれることとなったのです。核兵器の「使用の威嚇」については、「核抑止力」論にかかわって第7章で詳しく述べたいと思います。ここでは「実験」について述べます。

多くの非同盟諸国が、第一次案が包括的核実験禁止条約（CTBT）と同じように「実験爆発」だけを禁じているのは不十分だと考えていました。アメリカがおこなっている未臨界実験やコンピューター・シミュレーションなど、核爆発をともなわない実験も禁止されるべきだというわけです。そのためキューバなどは、「あらゆる核実験」や「すべての核実験」を禁止の対象にすべきだと、修正を求めました。

ブラジルは、その趣旨に賛同しながらも、CTBTとの整合性をはかるべきだとし、アイルランドも第一次案の文言を維持すべきと主張しました。スウェーデンとメキシコは、CTBTで核爆発実験を禁止しているので、「実験」そのものを禁止対象からはずすことを提案しました。これに対して、エクアドルなどから反対が表明されるなど、やや議論がからまる感じになりました。これはCTBTが核保有国の未批准などによって、発効していない状況のもとで、核実験についての意見の違いを持ちこみたくないという立場と、より厳格な禁止を求める立場の差だったと思います。

結果として採択された条約では第二次案までは存在した「爆発」の言葉を削除し、「実験」だけにすることで合意がはかられました。

④核保有国への門戸——第四条・第五条をめぐって

第四条と第五条の核保有国の参加にかかわる部分は、第一次案はわかりにくく、議論をよびましたが、第二次案を経て、問題が整理されていきました。最終的には、第四条「核兵器の完全廃絶に向けて」で、核保有国の条約参加の道として、(1)核兵器を廃棄したうえで条約に参加する、[*1] (2)条約に参加したうえで核兵器を速やかに廃棄する、[*2] という二つの道が定められました。核保有国に門戸を広く開き、そのために枠組みを示したことは、大きな意義があります。これによって核保有国は、この条約は「自分たちは蚊帳の外だ」と言い逃れることができなくなったのです。

＊1　核兵器を廃棄したことを証明してＮＰＴに加盟した南アフリカの例をモデルにしたといわれています。

＊2　手順としては、核保有国が条約への参加を決定したら、まず、条約参加から六〇日以内に、核兵器廃絶の「時限を切った計画」を締約国会議（あるいは条約再検討会議）に提出し、その計画にもとづいて、核兵器を廃棄することになります。

なお核兵器を廃棄する以前（核兵器を持ったまま）でも条約に参加できるとすると、一定の期間、第一条の禁止項目と矛盾する状態がおきます。この点について、採択された条約は、保有する核兵器を使用できる状態（運用態勢）から、即座にはずすことを明記し、使用の危険を除去する措置を設けました。

⑤被害者への援助――第六条をめぐって

第六条で、核兵器使用と核実験の被害者への援助を明記したことは画期的でした。心身両面の医療援助を規定するとともに、社会的、経済的に差別がないように支援をすること（社会的、経済的包摂）も定められています。戦後、被爆者がさまざまな差別を強いられてきたことを考えると、被爆者の苦難に心をよせた条約であることがわかります。これらは被爆者への援護・連帯をかかげてきた原水爆禁止運動と被爆者運動、世界各地の核実験被害者の願いを反映したものです。

第一次案ではエジプトから、「核実験を行い、核兵器を使用したことのある締約国は」という文言を入れて、責任の主体を明確にすべきという意見がだされ、非同盟諸国を中心に支持を広げました。フランスの核実験による被害国であるアルジェリアは、「犠牲者だけでなく、あらゆるレベルの補償」を求め、ビキニ環礁などで六七回も米国の核実験がおこなわれたマーシャル諸島共和国は、「被害をもたらした国に責任がある」と訴えました。

その一方で、特定の国の責任だけを規定するのは条約のあり方としてふさわしくないという意見もありました。これは法的には道理のあることです。また、チリは、将来、締約国となるべき国の責任を追及することで、それを理由に、条約参加を拒むことがないように、慎重であるべきと述べました。核保有国らへの責任追及は、参加へのハードルを高めることになるというわけです。

こうした議論をうけて採択された条約では、第六条でなく、第七条「国際的協力および援助」に、核兵器を使用、実験した国は「**犠牲者の支援および環境回復の目的で、被害を受けた締約国にたいし適切な支援を提供する責任を有する**」という文言を入れました。「国際協力」という流れのなかで、この問題を処理しました。考えぬかれた解決策でした。

ただ、この条項をめぐっては、一部の国を除いて、被害の実態に迫る議論がなく、とくに、日本の被爆者研究と援護の到達が十分に反映されなかったことは残念でした。この点でも、会議をボイコットした日本政府の責任は大きいといえます。

⑥その他の条項について

「普遍性」（第一二条）では、この条約への支持を広げて、すべての国が普遍的に参加することを、促すよう定められています。締約国と市民社会が共同して、条約への参加を広げていくことが期待されます。

「発効」（第一五条）では、五〇カ国が批准した後、九〇日で条約が発効するとされています。議論ではCTBTが、一六八カ国で批准されているのに、発効要件国（核兵器保有国を含む指定された四四カ国）の批准が完了していないため未発効となっていることも指摘され、同じことにならないように「単純に数だけを規定する」方式となりました。

「脱退」（第一七条）については、「脱退を想定するような条約ではない」との意見が出されましたが、脱退規定のない条約はないので明記されました。しかし、採択された条約では、「自国の至高の利益」が脅かされたときに限って、脱退できるとしました。同時に「武力紛争の当事国である場合」は、条約に拘束されるとしています。「至高の利益」が危うくなるのは戦争状態ですから、その「当事国」が脱退することは、不可能になっているのです。ここもなかなか知恵がこらされた部分です。

「他の協定との関係」も議論になった点です。

核保有国などが、禁止条約に反対する理由の一つとして「NPTと矛盾する」ことをあげているだけに、第一次案では、この条約は「NPT締約国の権利及び義務に影響を及ぼさない」とされていました。

議長は第二会期で、「禁止条約がいかなる意味でもNPTを弱めるものではないということを、明確にしなければならない」と述べました。しかし、NPTは核保有五大国に核兵器保有の「権利」を認めているだけに、NPTだけを特記していることに異論が出されました。つまり、「核独占の権利」を認めるのか、ということです。

エクアドルは、この条項からNPTを削除すべきだと提案しました。エジプトや南アフリカは、この条項そのものを削除することを主張しました。マレーシアはNPTだけを特記せず、他の既存の条約との関係を一般的に規定すれば足りると主張し、ニュージーランド、ブラジル、スウェーデンがこれを支持しました。

チリは、NPTの明記が必要だとしながら、あわせて、非核地帯条約やCTBTなどを追加することを提案しました。オーストリアもNPTとCTBTの明記を提案し、コロンビアは軍縮条約に広く言及することを主張しました。スイスもこれに賛成し、第一九条の削除には反対しました。NATO加盟国で唯一参加していたオランダは、禁止条約とNPTの間で対立が生じた場合には後者を優先させることを追記すべきと主張しました。これに対してエクアドルが、核保有の「権利」が禁止条約よりも優先させられる、と懸念を表明し、ブラジルもこの意見に同調しました。結果として採択された条約は、**「この条約の履行は、締約国が当事国である現存の国際協定について当該締約国が負う義務に影響を及ぼすものではない。ただし、当該義務がこの条約と整合する場合に限る」**との文言になりました。他の条約には影響を及ぼさないが、禁止条約と矛盾する場合は、その限りではないということです。これも工夫された表現だと思います。

このように核兵器禁止条約は、様々な意見をふまえ、さらには、交渉の場にいない核保有国などの参加も想定しながら、文字通り国際社会の英知を結集してつくられていったのです。

7　国連総会が示す世界の構図

核兵器禁止条約に象徴される、多数の国々と市民社会が世界を動かす流れは、ゆるがぬものとなっています。

核兵器禁止条約が成立した二年後、二〇一九年の国連総会でも、アジア、アフリカ、ラテン・アメリカの多くの国々が核兵器禁止条約への支持を表明しました。とくに、非核保有国が大きな自信と誇りをもって発言し、行動しているのが印象的でした。

総会の第一委員会（軍縮）で、新アジェンダ連合を代表して発言したエジプトの代表は、「核兵器禁止条約の採択は、核軍備撤廃にむけて緊急に行動することを求める圧倒的多数の国々の意思表示だ」（一〇月一〇日）と強調しました。また、リヒテンシュタインの代表は、「禁止条約は、NPT第六条の義務を真剣に履行すべき、という大多数の非核兵器国の政治的意思表示である」（一〇月一七日）と述べました。禁止条約は、重要な条約が一つ生まれたというだけではありません。その交渉に参加した国にとって、多数意思を代表する誇りと、国際政治の「主人公」としての自信のよりどころになっているのです。

モルディブ（二〇一九年九月二六日批准）は第一委員会で、こう発言しました。「（禁止条約の）批准は、安全と力は戦争の武器ではなく、自国人民と環境への投資――貧困の削減、持続可能な発展への投資、基本的人権の保障、民主的プロセスの強化、気候変動の影響にたいする対応の強化によって実現されるという、我々の信念に基づくものだ」（一〇月一一日）。

モルディブは人口約四〇万人。面積は淡路島の半分（三〇〇平方キロメートル）ほどのインド洋の島国です。大国の軍事力の前には、かすんで見える「小国」が、自国の安全は「戦争の武器」ではなく、「人民と環境」のために尽力することで守られると堂々と述べているのです。禁止条約には、こうした勇気と信念をよび覚ます力があるのです。

セントビンセント・グレナディーン（二〇一九年七月三一日批准）のラルフ・ゴンサルヴェス首相の総会での演説（九月二七日）も印象的でした。

「物事をよりよく知っているに違いない、大きくて、豊かで、強力な国々の目には、（我々小国は）どうでもいい小石のように映ってきた」「（しかし禁止条約が成立した今）我々の挑戦は認められなければならない。長きにわたって訴えてきたが、届いてこなかった我々の声――人民と進歩、共同と（国際法の）原則を代表する我々の声が聞かれなければならない」。

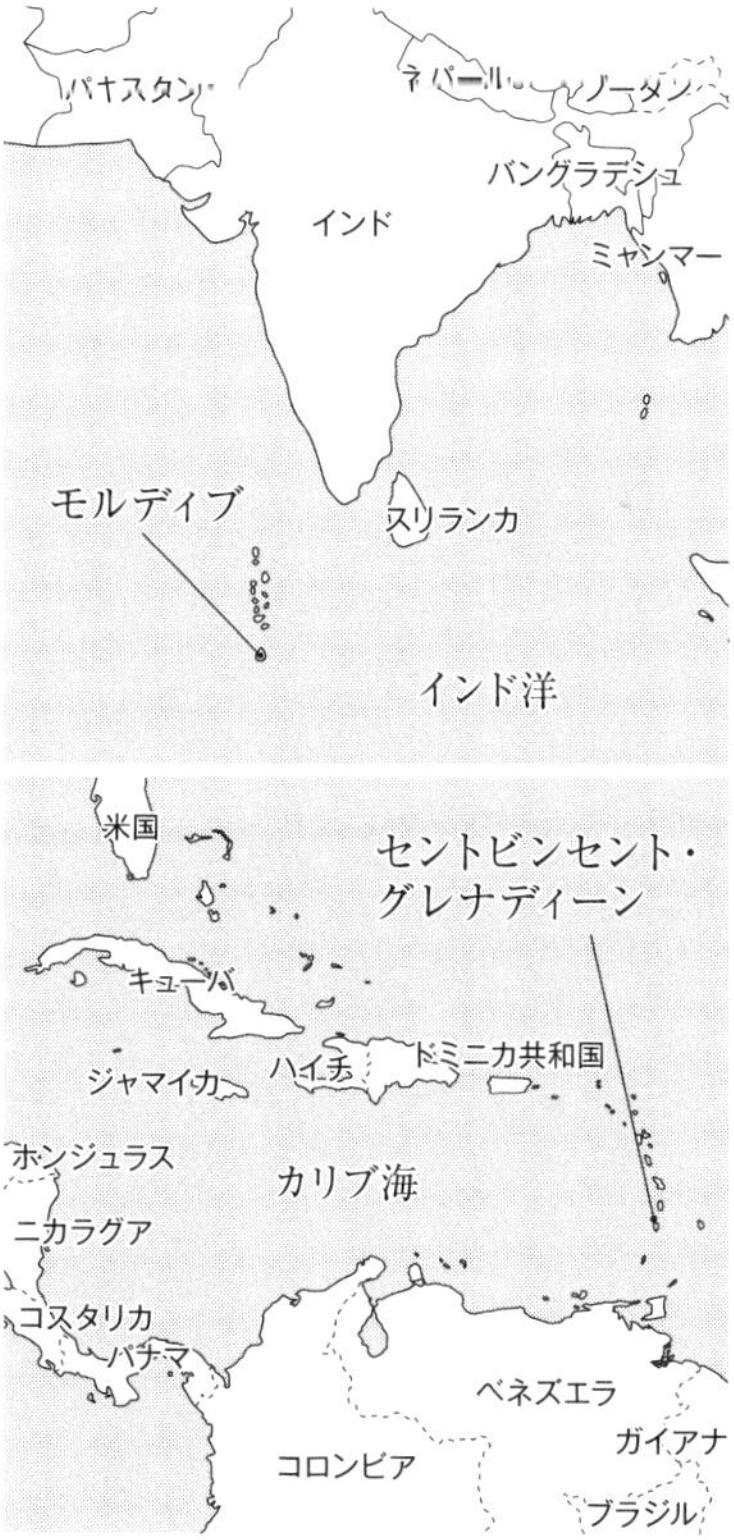

セントビンセント・グレナディーンも、カリブ海の島国です。人口約一〇万、佐渡島の半分にも満たない（三八九平方キロメートル）、この小さな国が、大国に皮肉をこめる余裕をもって、堂々と立ち向かうこの言葉に、世界の大きな変化を痛感します。

その一方で鮮明となったのは、核保有国やその同盟国など、ひと握りの国々の孤立した姿でした。二〇一九年の総会・第一委員会で禁止条約に反対を表明した国は、アメリカ、イギリス、フランス、イスラエル、チェコなどごく少数にとどまりました。二〇一八年の国連総会では、米英仏中ロの五大国(P5)は、核兵器禁止条約を強く非難する共同声明を発表しました。しかし、二〇一九年に発表されたP5の共同声明では禁止条約にはまったくふれていません。* ある国の外交官は、「核保有国は禁止条約を表立って批判することを避けつつある」と述べていました。条約を批判すれば、多数の国から反論されることははっきりしています。頑固な「少数者」の姿をさらすことは避けたいというのが、核保有国の本音かもしれません。禁止条約支持の世界的な流れに追いつめられているといっていいでしょう。

＊ 決議案にたいする投票がおこなわれた際の態度表明で、P5は条約に反対する旨の共同声明を発表しました。これは一般討論での声明とくらべると、位置づけがかなり低いものです。

8　条約の発効と今後の課題

■禁止条約の政治的圧力

二〇一八年の国連総会でアメリカの代表は「（禁止条約は）軍縮を強要するものだ」と述べ、フランスも「核軍縮を命じることはできない」と反発しました。条約に参加していないこれらの国に、条約を守る義務はありません。にもかかわらず、このように強く反対しているのは、核保有国が大きな圧力を感じているからにほかなりません。禁止条約は、核保有国に核兵器廃絶を迫る政治的な力となっているのです。オーストリアは二〇一九年の国連総会・第一委員会で、「署名国や批准国が一つひとつ増えるたびに、強力なメッセージを送ることになる」と述べました（一〇月一四日）。禁止条約の発効をめざす各国の政府や運動が、核保有国への圧力となっているのです。

条約が発効し、効力をもてば、核兵器国への政治的、道義的圧力はさらに高まるでしょう。各国の運動の勢いも増すはずです。同時に発効は、政治的なインパクトだけでなく、新しい行動を可能にします。条約に参加した締約国の会議が開かれるのです。

核兵器禁止条約の第八条第二項は、「第一回締約国会議は、この条約が効力を生じた後、一年以内に国連事務総長によって招集される」とされています。この会議は、条約の運用状況とともに、「核軍縮のためのさらなる措置について検討し、必要な場合には決定を行う」ことを任務としています。つまり締約国会議は、禁止条約を力に、どう核兵器廃絶へ前進するのかを議論し、そのための具体的措置をとることになるのです。この会議も「非政府組織は、締約国会議と検討会議にオブザーバーとして参加するよう招請される」（第五条）ことになっています。市民社会と力をあわせて、核兵器廃絶にむけて前進するための国際的な機関ができることになります。これは、条約を生み出した市民社会と諸国政府との共同をさらに、発展させる場となるでしょう。

■世論と運動がカギ

ＩＮＦ失効や米ロ、米中という核大国が対立するもとで、再び核軍拡競争が起きるのではないかという懸念が広がっています。一九六〇～八〇年代のような米ソの核軍拡競争が始まっているわけではありませんが、核大国が「核抑止力」論への依存を強め、新たな核兵器の開発をすすめたり、核兵器使用の危険性が高まったりしています。

核大国は、様々な問題で対立していますが、核兵器を持ちつづけるという「大目標」のためには結束しています。例えば、トランプ大統領がＩＮＦ離脱表明（二〇一八年一〇月二〇日）をして、米ロの応酬がはじまっていたにもかかわらず、そのわずか二日後には国連総会で、核兵器禁止条約を非難したP5（核五大国）共同声明（二〇月二二日）が発表されました。NPT再検討会議の第三回準備委員会（二〇一九年五月一日）でP5は、禁止条約への反対を明記した共同声明を発表しました。自分たちの核保有を脅かす禁止条約に反対する点でも、歩調をそろえています。

かつての米ソ対立のような大国間の対立と支配が、今日の核兵器をめぐる世界の基本構図ではありません。核兵器固執勢力と廃絶をめざす勢力の対立こそ、核軍縮をめぐる世界の基本的な構図であり、ここに今日の世界の「本流」と「逆流」があらわれています。歴史の「本流」は必ず、「逆流」をのりこえて、さらに大きな本流となっていくでしょう。そのカギをにぎるのが、市民社会、市民の世論と運動にほかなりません。

補論　大きな役割を果たしたオーストリア

これまでみてきたように、核兵器禁止条約の成立でオーストリア政府が果たした役割は、大きなものがありました。そこにはオーストリアの歴史的な背景があります。

その一つは、戦後の中立政策です。

第二次世界大戦が終わり、ドイツに併合されていたオーストリアは、イギリス、フランス、ソ連、アメリカによって分割占領されました。一九五五年に独立をなしとげますが、その時つくられた二つの法規、つまり「オーストリアの永世中立に関する一九五五年一〇月二六日の連邦憲法律」（以下、五五年憲法）と、「独立、民主主義のオーストリア再建の国家条約」（以下、国家条約）が重要な意味を持ちます。

五五年憲法は、オーストリアが中立国であることを定めています。軍事同盟に参加したり、国内に外国軍事基地を受け入れたりしないことを明確に公約しているのです。NATO諸国とは違って「核の傘」を受け入れない立場です。また、国家条約は、核兵器をはじめとする大量破壊兵器の所有、製造、実験を禁止しています。* つまり、核兵器と軍事同盟への「ノー」が、オーストリアの戦後政治の原点であり、現在の憲法の重要な柱なのです。

＊ 第二部第一三条「特殊兵器の禁止」 1．オーストリアは、以下のものについて保有、製造、実験を行わない。a)あらゆる原子兵器、b)大量破壊に現在または将来的に適応可能であり、国連の適切な機関によってそのように定義されている他の主要な兵器、（中略）j)正当な民事目的に必要な量よりも多い量の窒息性、発泡性または有毒物質あるいは生物学的物質、または戦争目的でそのような物質を生産、発射、または散布するように設計された装置。

米ソ対立時代には、ヨーロッパが核戦場となる危機感がひろがり、八〇年代には大きな反核運動がありました。しかし、オーストリア国民には強い危機意識はなかったといわれます。その理由は、

「冷戦中、オーストリア人は、中立政策を東西対立に対する十分な安全保障であると考える傾向があった」*からです。つまり、どちらかの「核の傘」に依存するよりも、その双方から抜け出ている方が、安全だと考えたわけです。

＊ "Becoming a disarmament champion: the Austrian crusade against nuclear weapons", Emmanuelle Maitre & Pauline Levy, 17 Jan 2020 (online), The Nonproliferation Review (published by James Martin Center for Nonproliferation Studies, USA).

ソ連崩壊後には、ＮＡＴＯへの参加が国政レベルで議論されたこともありましたが、国民は明確にそれを拒否しました。二〇〇二年の世論調査では、八〇パーセントの人が中立政策を支持していました。二〇一一年の調査でも中立支持は七〇パーセントで、その放棄を求める人は二四パーセントにすぎません。二〇一八年でも中立派は七三パーセントです。*こうした国民の圧倒的な中立政策への支持のもとで、国政では軍事同盟への参加を議論することすらタブーとなっていったのです。オーストリアの反核政策を支えているのは、中立政策への国民の信頼、つまり「核兵器に頼らない方が安全である」という確信なのです。

＊ 登場順に、ＡＰＡ（Austria Presse Agentur）（二〇〇二年八月二四日）、"Der Standard"紙（二〇一一年二月二〇日）、ＡＰＡ（二〇一八年一〇月二八日）。

もう一つは、市民の運動によってつくられてきた核＝原子力に依存しない社会への国民的なコンセンサスです。

オーストリアには一九五〇年代から原発がありました（現在は廃炉）。七〇年代に入ると、市民の大規模な反原発運動がおこります。当時のブルーノ・クライスキー政権は、原発推進のために、その是非を国民投票で問うという「賭け」にでます（一九七八年一一月五日）。ところが、政府の思惑に反して、五〇・五パーセント対四九・五パーセントという僅差ながら原発反対派が勝利します（投票率六四・一パーセント）。そして、国民議会が「原子力禁止法」を可決し、原子力の利用と原発建設が禁止されたのです。さらに、一九九七年には「原子力のないオーストリア」を求める署名が二五万人に達し、これを受けて一九九九年には、国民議会が「非核オーストリアのための連邦憲法律」を採択します。これにより、原発だけでなく、核兵器の製造、保管、輸送、実験、使用、またはそれらを収容するための施設の製造、核分裂性物質の輸送が禁止されたのです。

出発点は、原発への反対からはじまった国民的な運動ですが、それが結果として、核兵器も禁止するという徹底した非核政策を実現させる力となったのです。

オーストリア政府が、市民社会との共同を重視する背景には、国の基本的な政策が、市民の運動や国民の世論を土台につくられてきた歴史があるといっていいでしょう。

第4章　日本共産党はこうはたらきかけた

核兵器禁止条約を採択した国連会議のエレン・ホワイト議長と握手する日本共産党の志位和夫委員長（2017年7月7日、ニューヨークの国連本部。しんぶん赤旗提供）

日本共産党は、核兵器禁止条約を採択した二〇一七年の国連会議に、志位和夫委員長を団長とする代表団を派遣するなど、この条約の成立に力を尽くしてきました。私たちは、政府代表ではありませんが、会議の「正式構成員」と位置付けられた市民社会の一員として、貢献ができたと考えています。ここでは、核兵器禁止条約にいたる数年の活動をふりかえりながら、党としての考えを述べてみたいと思います。

1　オバマ大統領への書簡

一つの重要な節目は、アメリカのオバマ大統領（当時）への書簡でした。

二〇〇九年四月五日、オバマ大統領はプラハで演説をおこない、「米国は核兵器のない、平和で安全な世界を追求していくことを明確に宣言する」と述べ、核兵器廃絶を目標とすることを米国大統領として初めて明言しました。このことに注目したわが党は、志位委員長の書簡（二〇〇九年四月二八日）をオバマ大統領に送りました。それは、「核兵器のない世界を追求する」という提起を歓迎し、どうすればこの提起が生きた力を発揮するかについての考えと要請を述べたものでした。*

* 日本共産党は、アメリカを帝国主義と規定していますが、一律に「独占資本主義国=帝国主義国」とみることはせず、その国の実際の行動を見極めて判断することとしています。世論を反映して前向きな変化が起こったときには、それを評価するという立場です。オバマ大統領への書簡もこの立場からの行動でした。

この書簡は、その後のわが党の核兵器をめぐる外交活動にとって、重要な提起をしています。

書簡は、「核兵器廃絶のための国際条約の締結をめざして、国際交渉を開始するイニシアチブを発揮することを、強く要請」しました。この時点ではまだ、核兵器禁止条約そのものは、国際政治の議題とはなっていませんでした。しかし、国際的な協定、条約によって核兵器廃絶をめざすという方向を提起したことは、その後の流れをみても、重要な意義があったと思います。

重要な点は、そうした提起をおこなううえで、アメリカ自身が参加した合意を根拠にしているということです。書簡は「原子力兵器などいっさいの大量破壊兵器の廃棄」を決定した国連総会決議第一号（一九四六年一月二四日）にふれていますが、これはアメリカも含めて全員一致で採択されたものです。また核不拡散条約（NPT）に定められた核兵器廃絶への努力の「約束」や二〇〇〇年NPT再検討会議の「核兵器の全面廃絶に対する核兵器保有国の明確な約束」を果たすことを求めていますが、これらもアメリカを含む核五大国すべてが賛成したものです。

核兵器廃絶を求める国連決議が、多数の賛成で採択されていますが、アメリカはそれらに棄権したり、反対したりしています。「自分たちは立場が違う」という言い逃れを許さないためにも、アメリカ自身が賛成してきたものを根拠に迫ったわけです。

この書簡の翌年にはNPT再検討会議が開催されることになっていました。再検討会議は全会一致制なので、わが党のこうしたアプローチは、そこでも生きることになりました。

2　第八回NPT再検討会議にたいする要請

オバマ大統領のプラハ演説の翌年に開かれた第八回NPT再検討会議に、志位和夫委員長を団長とする代表団を派遣しました（二〇一〇年四月三〇日～五月八日）。わが党の党首がこの会議に参加するのは初めてのことでした。それは私たちが、歴史的な情勢のもとで開かれるこの会議が、特別に重要な意義をもつと判断したからです。このチャンスを生かして、核兵器廃絶への前進をきり開きたい、という決意で活動しました。

この会議にむけて、私たちが中心的に訴えたのは、「核兵器廃絶のための国際交渉を開始する合意をつくること」でした。「要請文」を再検討会議議長や国連関係者、各国政府代表、NGO代表らに手渡し、精力的に会談をおこないました。

「要請文」は二つの点を求めました。

一つは、「二〇〇〇年のNPT再検討会議で合意された『自国核兵器の完全廃絶を達成するという全核保有国の明確な約束』を、再確認する」ことです。これはNPT第六条の義務を履行するうえで重要なカギであり、「再検討会議を成功させる土台」だと考えました。そして、これは、核五大国自身が賛成した文書にも合致することを示しました。つまり、「適切な限り早期における、自国核兵器の完全廃絶にいたるプロセスへのすべての核保有国の参加」を合意した二〇〇〇年再検討会議の最終文書、NPT第六条にしたがって、核軍備縮小撤廃にむけた誠実な交渉をおこなう約束をすることをよびかけた国連安保理首脳級会合決議（決議一八八七、二〇〇九年九月）です。

二つは、「核兵器廃絶のための国際交渉を開始する合意をつくること」です。ここには、それまでの方針からの発展があります。その一つは、核兵器廃絶と部分的措置との関係です。「要請文」では、部分的措置*の積み重ねだけでは、「核兵器のない世界」に前進できなかった歴史を指摘し、「核兵器廃絶の目標そのものを主題」とする交渉の重要性を強調しました。そして、「核軍縮の部分的措置と一体に、また同時並行で、核兵器廃絶のための国際交渉を開始してこそ、『核兵器のない世界』への道は開かれます」と述べました。この「一体に、また同時並行」で取り組む、というところが新しいポイントでした。

＊　具体的には、米ロ間の新しい戦略核兵器削減条約（新ＳＴＡＲＴ）、包括的核実験禁止条約（ＣＴＢＴ）の批准・発効、兵器用核分裂物質の製造を禁止する条約（ＦＭＣＴ　カットオフ条約）、核

兵器の先制不使用、非核保有国への核兵器使用・威嚇《いかく》の禁止（消極的安全保障）、世界各地の非核地帯条約などです。

もう一つは、「核兵器廃絶のための国際交渉」のあり方についてです。「要請文」は、核兵器廃絶という「目標にいたるプロセスを検討する国際交渉」と述べています。それは核兵器廃絶にいたる手順については、さまざまな意見があることをふまえたものでした。当時でも、期限を区切って核兵器を廃絶する案（非同盟運動）、「核兵器条約」（コスタリカ、マレーシアなど）などがありました。ですから、まず、どういう方法で廃絶をめざすのかを議論し、「これでいこう」と特定する必要があったのです。わが党の提案は、「核兵器を廃絶する交渉」ではなく、そのための「プロセスを検討する国際交渉」を開始することで合意すべきだ、と提案したのです。これなら、核兵器廃絶に賛成する限り、「段階論」を主張する核保有国でも参加できるわけです。

実は、その後の議論は、この提起の方向ですすむことになります。第3章でも紹介したように、二〇一三年と二〇一六年に開かれた国連のオープンエンド作業部会（ＯＥＷＧ）のテーマがまさにこれでした。* そして、これにもとづいて、核兵器禁止条約の国連会議が開催されることになったのです。

＊「作業部会は、核兵器のない世界の達成と維持に向けた追加的な法的措置、条項、規範の締結が求められる分野を特定すべく（中略）議論を行った」（報告書、第二二項、二〇一六年八月一九日）。

なお、要請文には、「核抑止力」論の問題など、大きく意見が異なる問題は含めていません。N

ＰＴ再検討会議が全会一致制をとっていることを考慮した、道理ある配慮でした。それは、「核抑止力」論の批判はしないということではなく、個別の会談では積極的に主張し、議論しました。ただ、再検討会議としては、核兵器国を含めて、そこで一致することは求めませんでした。

なお、ＮＰＴ再検討会議は政府代表によって構成されている会議ですが、政党としての立場で参加し、働きかけるというのは、わが党にとって初めての体験でした。それはまた、私たちが市民社会の一員として、国際的に活動するという、新しい一歩を踏み出したものでもありました。志位委員長には他の日本の参加者から、「発言はいつになりますか」、「発言ではがんばってくださいね」と声がかかりましたが、「オブザーバー」ですから発言はできません。志位委員長は帰国後の報告会（二〇一〇年五月二一日）で「（会議での演説は）先の楽しみにとっておきたいと考えております」と語っていましたが、それは七年後の禁止条約の国連会議で実現することになりました。

3　アジア政党国際会議で

二〇一四年九月一八～二〇日、アジア政党国際会議*（ＩＣＡＰＰ）の第八回総会が、スリランカのコロンボで開かれました。広島・長崎被爆七〇周年、核不拡散条約（ＮＰＴ）再検討会議を翌年にひかえて、アジアの政治勢力がどのような発信をするのかは重要な意義を持っていました。そこでわが党から、志位和夫委員長を団長にした代表団が参加しました。会議ではわが党の提案を受けて、ASEANのような平和協力の枠組みを北東アジアなど全アジアに広げることと、核兵器禁止条約のすみやかな交渉開始を呼びかける「コロンボ宣言」を全会一致で採択しました。

＊　アジアの政党が与野党の区別なしに一堂に会し、世界とアジアの現状、今後の課題について話し合う国際会議。初回は二〇〇〇年のマニラ（フィリピン）総会。日本共産党は、第二回総会（バンコク、タイ）以降、毎回、代表団を派遣しています。

核兵器の問題では「ICAPPという会議の性格を考えて、どんな立場の政党でも賛同が得られるようにと、つぎの二つの点を強調」しました。＊一つは、二〇一〇年のNPT再検討会議が一致して確認した「核兵器のない世界を達成し維持するために必要な枠組みを確立するための特別な取り組みをおこなう」（最終文書）という合意を具体化し、実践しようということです。もう一つは、核兵器は受け入れがたい非人道的兵器であり、それが使われない唯一の保証は全面廃絶にあるという主張です。だれも否定できないこの二点を踏まえて、核兵器禁止条約のすみやかな交渉開始を世界に向かって呼びかけようと訴えました。

＊　「アジア政党国際会議と日本共産党の貢献　志位委員長が語る」。「赤旗」日曜版二〇一四年九月二八日号。

結果として「コロンボ宣言」は、次のように明記しました。「われわれは、二〇一〇年のNPT

再検討会議で核兵器国によって合意された核兵器の廃絶という明白な約束を実施する必要を再び強調し、潘基文《パンギムン》国連事務総長が提案しているように、核兵器禁止条約についてのすみやかな交渉開始を呼びかけた」。

ここには重要な発展がありました。ICAPP総会はそれまでも、「核兵器のない世界」の実現を呼びかけてきました。〇九年の「アスタナ宣言」では「あらゆる地域で核兵器のない世界を目標とすべきだ」と述べ、一〇年の「プノンペン宣言」では「核兵器禁止条約の交渉を支持する」と明記しました。「コロンボ宣言」では、それまでの「支持する」から主体的に交渉開始を「呼びかける」側へと前進したわけです。

4　核兵器禁止条約の国連会議に参加

核兵器禁止条約の国連会議は、わが党にとって、新しい挑戦でした。

国連会議では、各国政府とともに、市民社会も正式の構成員とされました。政党も市民社会の一員なので、日本共産党として参加し、貢献する道を探求しました。

■正式の構成員として参加

具体的には、国会議員の国際組織、「核軍縮・不拡散議員連盟」（ＰＮＮＤ）の一員として会議に参加することを追求しました。ＰＮＮＤは二〇〇一年に、ＭＰＩ（中堅国家構想。八五ページ参照）によってつくられました。各国の議員が核兵器問題をめぐって情報を交換、共有するための超党派のネットワークで、国連認定のＮＧＯでもあります。その日本支部が核軍縮・不拡散議員連盟日本で、会員は五六人です（二〇一八年四月一六日現在）。日本共産党からは、志位和夫委員長と小池晃書記局長、笠井亮衆議院議員（幹事）、井上哲士参議院議員が会員となっています。

日本共産党代表団は、ＰＮＮＤと協議して、その一員として国連会議に参加することになったのです。正規の構成員としての参加ですから、志位委員長が日本共産党を代表して、会議で演説することも可能になりました。また、ホワイト国連会議議長、中満国連上級代表をはじめ各国の政府代表とも「正規の構成員」として協議をすることができました。

■要請の内容

わが党は、次のような点を検討して、「要請文」を作成し、国連幹部、国連会議議長、各国政府などと懇談・要請をおこないました。

国連会議の焦点は、核兵器を禁止し、廃絶するうえで、どのような法的措置が最も適切かを議論し、その条約をとりまとめることでした。

わが党は、「禁止条約」も核兵器廃絶の手順も含む「包括的条約」のどちらも賛成ですが、核保有国がただちに廃絶することを拒否しているもとでは、核保有国が参加しなくても成立する「禁止条約」をまず締結することが、現実的で合理的だと考えました。具体的には次の点を要請しました。

「核保有国の参加を追求しつつ、かりに最初は核保有国の参加が得られなかったとしても、賛成する諸国の政府によって核兵器禁止条約――核兵器を禁止する法的拘束力のある協定を早期に締結すること。今回の『国連会議』で、核兵器禁止条約の早期締結にむけた国際的合意を達成すること」（「要請文」）。

この要請内容は、国連会議の趣旨にそって、慎重に検討してまとめられたものでした。国連会議ではまず、「核兵器を禁止する法的拘束力をもつ法文書」（＝核兵器禁止条約）を締結し、その先に核兵器廃絶のための「法的拘束力のある追加措置」をとるという、プロセスが考えられていました。

私たちは、核兵器はすぐにでも廃絶されなければならないという立場ですが、この会議で多数の国々がめざす方向をふまえて要請をおこなったわけです。結果としてわが党の要請の内容は、多くの政府代表の共感を得、支持されました。そして、実際の会議の進行も、その方向にそったものとなり、歴史的な条約ができあがったのです。

私たちは、国連加盟国の大多数の賛成で、核兵器を「違法化」し、「悪の烙印《らくいん》」を押す核兵器禁止条約が締結されれば、核保有国は条約に参加しないことで、法的拘束をまぬかれても、政治的・道義的拘束を受けることになる。核保有国をおいつめ、核兵器全面廃絶への重要な糸口になることは疑いない、と考えたのです。その後の情勢は、紆余《うよ》曲折《きよくせつ》をはらみながらも、大局的には、この方向ですすんでいるといえます。

日本政府はこの会議をボイコットし、日本の政界から参加したのは日本共産党だけとなりましたが、唯一の戦争被爆国の政党として、一つの貢献ができたと自負しています。

5　党の綱領に反映

日本共産党は二〇二〇年一月の第二八回党大会で、一六年ぶりに綱領を改定しました。今日の世界の見方について次のように述べています。「一握りの大国が世界政治を思いのままに動かしていた時代は終わり、世界のすべての国ぐにが、対等・平等の資格で、世界政治の主人公になる新しい時代が開かれつつある。諸政府とともに市民社会が、国際政治の構成員として大きな役割を果たしていることは、新しい特徴である」。これは、核兵器禁止条約の交渉での体験と実感に裏付けられたものでもありました。

核兵器廃絶をめぐる新しい規定も盛り込まれました。改定綱領は「核兵器固執勢力のたくらみは根づよいが、この逆流は、『核兵器のない世界』をめざす諸政府、市民社会によって、追い詰められ、孤立しつつある」という、大きな構図をあきらかにしています。情勢をとらえるうえで、大変重要な分析です。

この背景にあるのが、世界が歴史的に大きな変化をとげているという認識です。第2章でも述べたように、植民地体制の崩壊を中心とした二〇世紀の世界の構造変化が今日、「平和と社会進歩を促進する生きた力を発揮しはじめている」（綱領）ということです。

不破哲三・社会科学研究所所長は第二八回党大会で、「核兵器禁止条約の成立は、まさに世界のこの構造変化が生み出したもの」だと発言しました。核兵器禁止条約の成立は、「世界の構造変化」のもとで、一握りの大国から、世界の多数の国ぐにと市民社会に、国際政治の主役が交代したことを、最も象徴的に示す歴史的出来事でした。

禁止条約は核大国の圧力や妨害にもかかわらず、間もなく発効する見込みです。核大国の対立や核兵器依存の強まりなどの逆流は軽視できませんが、核兵器固執勢力は「追い詰められ、孤立しつつある」（綱領）――ここに後戻りできない世界の流れがあります。

■核兵器廃絶への〝三つの力〟

核兵器禁止から廃絶に進むために、私たちは「三つの力」*を発揮していくことが重要だと考えています。

第一は、核兵器を違法化した核兵器禁止条約がもつ政治的、道義的な力を生かしていくことです。この条約が成立したことで核兵器廃絶への展望も、これまで以上に具体的に検討し、議論できるようになりました。国際交渉や各国内の政治でも、また運動の発展にも、この条約の力を生かしていくことが重要です。

第二は、条約をつくり上げた世界の多数の諸政府と市民社会の共同の力をさらに発展させることです。核兵器保有国とその同盟国を包囲していく国際世論をつくり上げていくうえで、この力が重要であることは、核軍縮交渉の歴史が証明しています。

第三は、核兵器保有国とその「核抑止力」に依存する同盟国で、核兵器禁止条約に署名、批准する政府をつくるたたかいをさらに発展させていくことです。とりわけ、唯一の戦争被爆国である日本の運動には国際的責務があります。

＊　志位和夫「歴史的条約を力に、核兵器全面廃絶の実現を——核兵器禁止条約の採択を心から歓迎する」（二〇一七年七月七日）。

第5章　戦争と平和をジェンダーから考える

2017年1月21日、トランプ大統領就任に抗議する女性たちが全米で起こしたWomen's March（AA／時事通信フォト）

平和と軍縮には、市民社会の多様な人々の参加が欠かせません。核兵器の問題は、私たち全員が「当事者」ですから、なおさらです。しかし、これまでの大国中心の交渉で、多数の国が「脇役」だったように、交渉の現場ではいまも男性が多数を占め、女性が「脇役」にまわされています。ジェンダー平等にもとづく多様性を軍縮の分野で実現してこそ、平和で公正な世界を築くことができます。この章では、ジェンダー平等の意義とそのたたかいの歴史をふり返りたいと思います。

1　戦争とジェンダー

核兵器をはじめ現代の兵器は、男女問わず広範な市民に被害をもたらします。同時に、その被害には、男女に差があります。身体や心が受ける傷の違い、さらには、その後の生活や人生にも、異なる影響があります。武器だけでなく、戦争そのものが、女性と男性に異なる被害をもたらします。兵士による女性へのレイプなどの性暴力も、その一例です。日本軍「慰安婦」問題もそうです。

重要なことは、これらが男性の「性欲の暴走」などといったものに解消できない、戦争と軍隊の構造的な問題だということです。一九三三年生まれで、旅順で終戦を迎えた評論家の彦坂諦氏は、その著書『男性神話』*のなかで、こう述べています。「戦争における強姦《ごうかん》とは、殺すこと・ものにすること、つまり戦争することの象徴的行為というべきでないのか」「兵隊はよりよく兵隊になるために、すなわち、よりよく殺し・殺されるために、〈女〉を犯さなければならない」。

＊　径書房、一九九一年。

戦時下での性暴力は、人を殺し、破壊し、奪うこと、それ自体を目的とした、通常の社会規範を無視した状況でおこなわれるものです。それは、性犯罪ではなく、戦争犯罪にほかなりません。沖縄の米兵による性犯罪も、軍隊の本質に根差したものです。在沖米軍の大半は「殴り込み部隊」といわれる、攻撃性の強い海兵隊です。彼らの性犯罪は「綱紀粛正」で抑えられるものではありません。その場からいなくなること、撤退以外に解決策はないのです。

国民の気持ちを戦争に動員する際にも、「男らしさ」や「女だから」といったジェンダーイメージが利用されます。「妻や恋人を守るために戦う」とか、「女は銃後をしっかり守る」といった言葉にそれはあらわれます。女性は兵士にたいする「チアリーダー」役を、男性は立派な兵士として「ヒーロー」役を担うというのが、定番の構図です。

戦争とむすびついた性暴力の被害者の大半は、女性です。しかし、それは男性から女性に対するものに限られません。男性から男性、女性から女性、さらには女性から男性にたいするものもあります。イラク戦争後、アブグレイブ刑務所で、女性の米兵がイラク人捕虜を裸にして、踏みつけている写真が報道されました。これも、ジェンダーの観点でみるべき問題です。UNウィメンがジェンダー平等とは、「女性と男性のさまざまなグループの多様性を認識し、男女双方の利益、ニーズ、優先順位が考慮されることを意味する」と述べていることに注目すべきです。

また、UNウィメンは、ジェンダーを以下のように定義しています。重要なポイントが網羅された包括的なものです。「ジェンダーとは、特定の時代、特定の社会が、男女それぞれにふさわしいと考える役割、行動、活動、および属性をさす。（中略）これらの属性、機会、および関係は社会的に形成され、人々はこれを社会のなかで学習していく。こうした内容は状況と時代によって特定されるものであり、変更可能である。ジェンダーは特定の状況のもとで、女性または男性への期待、許可、評価を決定するものとなる。ほとんどの社会では、責任分担、活動、情報や資金へのアクセスと管理、および意思決定の機会において、男女間の相違や不平等が存在している。ジェンダーは、階級、人種、貧困レベル、民族、性的指向、年齢などの社会文化分析の重要な基準と同様、広範な社会文化的文脈の一部である[2]」。

＊1　「ジェンダー平等と女性のエンパワーメントのための国連機関」（United Nations Entity for Gender Equality and the Empowerment of Women）

＊2　UNウィメンのホームページ。Gender Mainstreaming/Concepts and difinition

ジェンダー観点は、女性の被害や差別を告発するだけのものではありません。戦争被害の実態を明らかにするうえでも、また、問題を分析し、解決策を見いだすうえでも、欠かすことのできないものなのです。UNウィメンも、ジェンダー平等は「人権問題であると同時に、人間中心の持続可能な開発の前提条件であり、その指標でもある」*と述べています。

＊　前掲UNウィメン。

各国の政府や国連の機関が、ジェンダー観点にたって行動するためには、意思決定や交渉など、あらゆるプロセスに女性の参加を保障することが必要です。しかし、こうした分野で、女性が圧倒的に少ないのが現状です。

■戦争と性差別の歴史

戦争と性差別の歴史とは密接な関係があります。

二〇〇七年にドイツの考古学者の調査で、これまで確認された中で人類最古となる戦争の「痕《こん》跡《せき》」が、現在のシリアとイラクの国境近くにあるハモウカル遺跡で発見されました。約六〇〇〇年前に、攻め滅ぼされた城の跡だということです*。現在の人間（ホモ・サピエンス）が登場したのは約四〇万から二五万年前といわれますから、戦争を知ったのは「ごく最近」のことだといえるでしょう。つまり、戦争は人間の「闘争本能」やDNAによるものでなく、人類史のある発展段階の産物なのです。シリアでの発見は、城をもつまでに経済力や共同体の組織が発展した時代に、戦争が起きるようになったことを示しています。

＊　時事通信、二〇〇七年一月四日。

太古の時代は、生産力が低く、男も女も役割分担はもちつつも、総力あげて働かねば、食べていけなかったでしょう。他の共同体と争いごとをする「余裕」などなかったに違いありません。しかし、生産力が発展してくると、余ったものを蓄えたり、領地を守ったりすることが必要になります。さらには、領地を拡張したいという衝動もおきるでしょう。そこで筋力に勝る男が、それらを実行する実力となります。武装勢力が社会的地位を高めるようになると、女系だった共同体も、男系へと転換していきます。女性の社会的地位は低下し、男権社会が登場していきます。

現代では、資本主義の発展にしたがって戦争も拡大し、国をあげての総力戦となります。二〇世紀の二度にわたる世界大戦を通じて、社会と市民がまるごと戦争に動員される時代となりました。そうしたなかで、ジェンダーと平和の関係が、重要な意味を持つようになってきています。

人間の歴史は、戦争の誕生と性差別の誕生が深い関係にあることを示しています。戦争がなかった太古の時代には、今日のような性差別もありませんでした。したがって平和運動にとって、その究極の目標である戦争のない世界は、性差別のない世界でもあるのです。それを達成するには、この運動への男女の平等な参加、とりわけ女性の参加の拡大が欠かせません。

2　なぜ女性の参加が必要なのか

では女性の参加は、平和や軍縮にとって、具体的にどのような意味があるのでしょうか。これは男だけの方がスムーズに事がすすむのに、女性の権利を保障するために、「しかたなく」やることではありません。実際に女性が参加し、発言することで、よりよい結果がでるのです。

■和平合意の達成にとって

ジュネーブ国際開発研究大学院のタニア・パフェンホルツ教授らの研究グループ*1は、女性が和平交渉に参加する「効果」について、研究報告をまとめています。*2一九八九年から二〇一四年までの二五年間の四〇カ国の地域紛争を分析したところ、女性が積極的な役割を果たした場合に、よい結果がうまれる傾向があることがわかったのです。

＊1　"Broadening Participation Project," The Graduate Institute of International and Development Studies, Geneva, led by Thania Paffenholz.

＊2　「平和維持を再考する：平和プロセスにおける女性の役割」。'Reimagining Peacemaking: Women's Roles in Peace Processes,' Marie O'Reilly, Andre O. Suilleabhain, Thania Paffenholz, International Peace Institute, June 2015.

この報告によると「女性グループが交渉に強い影響を与えたり、和平協定を推進したりできる場合には、ほとんどの交渉が合意に達した」としています。例外は一件だけでした。「女性グループがまったく関与していないか、プロセスへの影響が少ない場合には、合意に達する可能性はかなり低くなった」としています。＊女性が関わると、和平合意がまとまりやすいのです。

＊　前掲「平和維持を再考する」一一ページ。なお、ここでいう「強い影響」とは、女性が紛争解決のための議題をどれだけ提起したか、または、それが合意にどれだけ反映されたか、を数値化して「計測」したものです。

和平に反対する男性がグループをつくって、交渉を妨害するような事例もありますが、報告は「組織化された女性グループが和平プロセスに悪影響を及ぼしたというケースはただの一つもなかった」と述べています。むしろ、リベリアから北アイルランドにいたるすべての紛争解決で、女性たちが「和平協定の締結を支援するために、頻繁に結集した」ことを紹介しています。

では、なぜ女性の参加がよい影響を与えるのでしょうか。女性の役割といったときに思い浮かぶのは、女性にたいする暴力や人権侵害をはじめ、女性が自分たちの問題、女性独自の要求を主張し、交渉のテーブルにのせることです。しかし、実際には、女性たちが大きな影響力を発揮したのは、そうした個別の問題ではなく、交渉全体のなりゆきを左右するような瞬間でした。

報告は、「女性グループの最も重要な成果は、（交渉の）勢いが停滞したときに交渉の再開や妥結をうながすことだった」と述べています。* 交渉が行き詰まった時、彼女たちは紛争当事者に強く迫り、ブレイクスルーを実現する力を発揮したのです。

＊　同前一一ページ。

リベリアはその最も成功した例です。リベリアは一九九七年以来、独裁政権と反政府軍による内戦によって、レイプ、虐殺、テロ、少年兵の動員などが横行し、二五万人もの犠牲者と一〇〇万人もの難民を生みだしていました。そうしたなかで、キリスト教とイスラム教徒の女性たちが宗教の違いをこえて、内戦の停止を求める大規模な運動をおこします。そして、大統領を和平交渉のテーブルに着かせるとともに、交渉会場に座り込み、「和平合意を成立させない限り誰も外に出さない」と、体をはってたたかったのです。内戦停止後には、民主的な選挙がおこなわれ、アフリカ初の女性大統領が誕生しました。この非暴力行動が高く評価され、「平和のための女性リベリア大衆行動」（Women of Liberia Mass Action for Peace）を組織したリーマ・ボウイー氏とエレン・サーリーフ大統領は二〇一一年、ノーベル平和賞を受賞しました。

このように女性の参加は、女性独自の要求を交渉にもちこむだけではなく（それ自身も重要ですが）、和平交渉においてコンセンサスをつくる力となったのです。このことは他の複数の研究でも指摘されています。* 女性の問題を解決するためだけに、彼女たちの参加が必要なのではありません。

和平プロセス全体を成功させるために、女性の平等で全面的な参加が必要なのです。

＊ Paffenholz et al., "Making Women Count: Assessing Women's Inclusion and Influence on the Quality and Sustainability of Peace Negotiations and Implementation."

先に紹介した研究報告「平和維持を再考する：平和プロセスにおける女性の役割」も次のように述べています。「和平プロセスの目的が暴力を終わらせることだけであるなら、女性（めったに交戦者ではない）が正当な参加者と見なされる可能性は低い。しかし、平和を築くことを目的とする場合、社会のもう半分（訳注：女性のこと）からより多様なインプットを得るのは理にかなっている」＊。

＊ 前掲「平和維持を再考する」一ページ。

女性の参加が、和平合意を長続きさせるという興味深い指摘もあります＊。一九八九年と二〇一一年の間に締結された一八二の和平協定を分析したところ、女性が参加している場合、和平合意が二年続く可能性が、不参加の場合と比べて二〇パーセント高くなっています。一五年間続く可能性は、女性参加の方が三五パーセント高くなります（グラフ1）。

＊ ノートルダム大学・クロック国際平和研究所のローレル・ストーン（Peace Accords Matrix Associate Director of Operations）の統計調査。和平交渉に参加している女性の数やその影響力を数値化するなどの処理を行ったものではないため、傾向を把握する程度にとどまります。

グラフ1　女性の参加と和平合意の継続期間

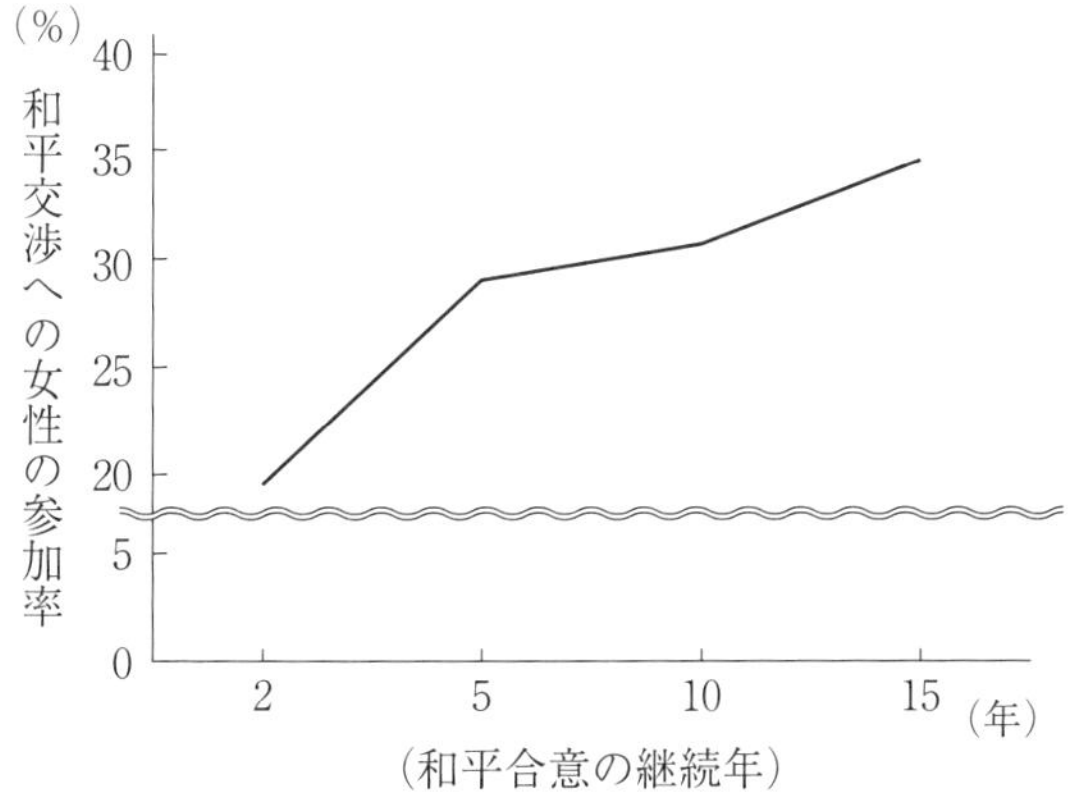

出典　「平和維持を再考する」12ページ　Figure1より作成

■平和構築にとって

女性の参加は、和平合意の実行にとっても、重要な意味をもっています。

先の研究報告も「女性の影響力が強いほど、合意を実施する可能性が高くなった」ことを指摘しています。

紛争によって男性が兵士として犠牲になれば、女性が主となる世帯や母子家庭が増加します。もし、これらの人々への生活支援や自立のためのエンパワーメント（能力強化）がなければ、女性と少女は、性産業（「サバイバルセックス」）のような低報酬、高リスクの仕事を余儀なくされる可能性が高まります。それは、貧困を助長し、子どもの教育を遅らせ、人々の閉塞感と不満、退廃的気分を拡大していくに違いありません。そうした状況が、新たな紛争やテロリズムの温床となります。また、国連の専門家グループの報告によれば、妊産婦死亡率が最も高い一〇カ国はすべて、紛争中または紛争後の国でした。*

＊　国連平和構築アーキテクチャの専門家諮問グループによる二〇一五年の再検討報告書。"The Challenge of Sustaining Peace," UN Doc. A/69/968 S/2015/490 (Advisory Group of Experts for the 2015 Review of the United Nations Peacebuilding Architecture, June 29, 2015), para. 24.

しかし、社会と国家の再建に女性が参加するならば、ジェンダー観点で雇用創出や公共サービスの拡充などが可能になるでしょう。それは、女性の生活と権利を守るだけでなく、社会全体が持続可能な平和を手にする条件をひろげます。「和平合意の結果として所得創出と経済安全保障を利用できるようになると、女性はより早く児童福祉と教育に投資し、食糧安全保障を構築し、農村経済を再建する傾向があり、長期的な安定に大きく貢献する*」のです。

＊　UNウィメン「紛争の予防、正義の変革、平和の確保：国連安保理決議一三二五号の履行についての世界的研究」。'Preventing conflict, transforming justice, securing the peace. A Global Study on the Implementation of United Nations Security Council resolution 1325' UN Women, 12 Oct. 2015. 四二ページ。

このように、女性が「戦後」の復興計画と政策づくりに関与していくことがきわめて重要です。そうしてこそ、武力紛争を停止させるだけでなく、その後の合意の実行、ガバナンス、安全保障、復興といった一連の流れの中に、ジェンダー観点をつらぬくことが可能となるのです。また、女性の参加は、少数民族、ＬＧＢＴや障害者など他のマイノリティーグループの参加をうながす効果もあるといわれています。[1] 真の多様性を実現するカギともなっているのです。また、和平プロセスに市民社会が参加することで、合意が崩壊するリスクは六四パーセント低下するとの指摘もあります。[2] 女性と市民の参加が平和をよりたしかなものにするのです。アントニオ・グテレス国連事務総長は、次のように述べています。「国連におけるジェンダー平等は（中略）道徳的義務であり、運用上の必要性です。意思決定における女性の有意な参加は、効率と有効性とを高め、交渉に新しい視点と解決策をもたらします[3]」。

＊1　同前四四ページ。
＊2　D. Nilsson, 'Civil society in Peace Accords and the Durability of Peace,' in A. Ramsbotham and A. Wennmann, (eds.), Legitimacy and Peace Processes, Accord, Conciliation Resources, Issue 25, 2014, p.30.
＊3　"Agenda for Disarmament", United Nations Office for Disarmament Affairs, 24 May 2018.

3　国連憲章から差別撤廃条約（一九七九年）へ

男女平等が世界平和にとって重要だという認識は、第二次世界大戦後の出発の時からありました。

一九四五年一〇月に、世界平和を誓って発足した国際連合は、「（国連の）主要機関及び補助機関に男女がいかなる地位にも平等の条件で参加する資格がある」（国連憲章第八条）ことを明記しました。しかし、世界人権宣言（一九四八年）も国際人権規約（一九六六年）も、人権尊重が平和の土台だとする考えは表明したものの、「男女の同権」と平和の関係についてはふれていませんでした。

転機となったのは、一九六七年に国連総会で採択された、「女性に対する差別の撤廃に関する宣言（女性差別撤廃宣言）」でした。これは、女性の権利、男女平等の問題を包括的に述べた、はじめて政府間で合意した文書でした。そして、この宣言を「言いっぱなし」にせず、実行力（法的拘束力）のあるものとするために、女性差別撤廃条約（一九七九年成立）をつくる作業が、国連の「女性の地位委員会」（The Commission on The Status of Women：略称CSW）ではじまったのです。ちなみに、この「女性の地位委員会」はもともと、国連創設直後の一九四六年につくられた、国連でもっとも古い委員会（社会経済理事会内の機能委員会）の一つでした。

国連は一九七五年を「国際婦人年」とし、一九七六年から一九八五年までを「国連婦人の一〇年」とする世界的なキャンペーンをくりひろげます。この「一〇年」は、男女平等をめぐる議論を活性化させ、各国、各分野の男女平等を実現するうえで、重要な意義を持ちました。注目すべきは、そのメインテーマ「平等・開発・平和」に示されたように、「平和」が重要目標の一つとされたことです。

一九七九年に国連総会で採択された女性差別撤廃条約*1は、ジェンダー平等と平和の関係をはじめて明確に記すものとなりました。条約は前文で、核軍縮＝核軍備の縮小撤廃を含めた世界平和の構築が、「男女の完全な平等の達成に貢献すること」を確認しました。一方、そうした平和の実現は、「あらゆる分野において女性が男性と平等の条件で最大限に参加することを必要としている」とも述べています。[*2] これは平和、核軍縮と男女平等の関係、その実現に向けた男女の平等な参加の重要性を指摘したという点で、歴史的な意義をもつものでした。

＊1　一九七九年一二月一八日、国連総会で採択、一九八一年九月三日発効。正式名称は、女性に対するあらゆる形態の差別の撤廃に関する条約。Convention on the Elimination of all Forms of Discrimination against Women (CEDAW).

＊2　条約（前文）の該当部分（外務省訳）「全面的かつ完全な軍備縮小を達成し、特に厳重かつ効果的な国際管理の下での核軍備の縮小（訳注：原文は核軍備の縮小と撤廃を意味する nuclear disarmament）を達成し、諸国間の関係における正義、平等及び互恵の原則を確認し、外国の支配の下、植民地支配の下又は外国の占領の下にある人民の自決の権利及び人民の独立の権利を実現し並びに国の主権及び領土保全を尊重することが、社会の進歩及び発展を促進し、ひいては、男女の完全な平等の達成に貢献することを確認し／国の完全な発展、世界の福祉及び理想とする平和は、あらゆる分野において女子が男子と平等の条件で最大限に参加することを必要としていることを確信し（中略）次のとおり協定した」。

■六〇～七〇年代のベトナム反戦運動で

こうした国際政治の変化をうみだした土台は、女性運動の発展でした。

一九六〇年代後半から一九七〇年代前半にかけて、世界的に女性の差別撤廃の運動が高まりました。アメリカの「ウーマン・リブ」運動、フランスの「女性解放運動」などが、数十万人規模の集会やデモをおこないました。日本でも一九七五年一一月に「国際婦人年日本大会」（市川房枝実行委員長）が超党派で開かれ、四一団体で国際婦人年連絡会が結成されました。同時に、こうした運動がただちに、平和や軍縮の問題にジェンダー観点をもたらしたわけではありませんでした。

アメリカでは当時、ベトナム反戦運動が大きく高まっていましたが、その中で女性たちは十分に活躍できる状況ではありませんでした。背景には反戦運動が白人男性主導から抜け出せなかったことがあったと指摘されています。女性の運動の中には、そうした旧来の女性観に反発し、反戦運動から距離を置くものもありました。そのなかで一九六一年に米ソの核実験への抗議をきっかけにつくられた「平和を求める女性ストライキ」（WSP：Women Strike for Peace）は、ユニークな役割を果たしました。彼女たちは、ベトナム戦争への兵役を拒否した若者を支援する活動をはじめたのです。それは「フェミニストの立場よりも母親の立場で」反戦平和を訴えたものでした。*

＊　高村宏子「60年代フェミニズムとベトナム戦争」、東洋女子短期大学紀要“The Toyo review”（29）、

一九九七年三月一五日、九ページ。

ところが、その活動のなかで彼女たちは「（戦争を拒否するためにそれぞれの立場で行動することで）支配と従属に依らない男性との新しい関係を発見し、ここから性差を超えて男女の関係で問題を考えるジェンダーの概念が生まれてきた」のです。* 当時はまだ「ジェンダー」といった言葉も一般的ではなかった時代でしたが、ジェンダー観点が平和運動のなかから生まれてきたことは、注目すべきだと思います。

＊　前掲高村論文一〇ページ。

ＷＳＰは一九八〇年以降、婦人国際平和自由連盟（ＷＩＬＰＦ）などと共同して、アメリカの反核運動をリードし、“End the Arms Race, Not the Human Race”（「終わらせるのは軍拡競争だ、人類じゃない」）のスローガンは世界的にも有名となりました。一〇〇万人が参加した国連軍縮特別総会にあたっての行動（一九八二年六月一二日）でも重要な役割を果たしました。ソ連崩壊後の一九九〇年代後半には、核兵器廃絶のために力を集中しました。これらの行動の一翼を担ったＷＩＬＰＦはその後も、世界の反核運動を支え、核兵器禁止条約の成立にも大きな貢献をしました。

4　北京会議――一九九五年

平和にとってのジェンダー観点の重要性を浮き彫りにしたのが、一九九〇年代から起きた地域紛争や内戦での性暴力でした。旧ユーゴスラビア（一九九一年～一九九九年）やルワンダ（一九九四年）、スーダン（二〇〇三年～）で、凄惨な性暴力が広範囲にわたっておこなわれ、世界に衝撃を与えました。

特定の民族や部族を抹殺するという軍事的な目的のために、レイプなどの性暴力が組織的におこなわれました。それぞれの紛争の事情は異なりますが、性暴力は軍事的、政治的に共通した効果をもっていました。例えばレイプは、女性の心と身体を深く傷つけるだけでなく、共同体全体に大きな恐怖と打撃をあたえます。そのことによって、住民全体を排除したり（難民化）、戦意を低下させたりしました。また、レイプした女性を強制的に妊娠、出産させることで、自分たちの「血」を、敵視する民族や部族に浸透させて、共同体を破壊します。アフリカのある部族は、他部族の者に犯された女性を放逐しますが、女性がいなくなれば、その部族は存続できません。*

このように、性暴力が戦争の手段、戦術としておこなわれることが、国際的にも大きな問題となったのです。韓国の金学順《キムハクスン》さんが被害者本人として名乗り出て（一九九一年）、日本軍「慰安婦」問題の告発が本格的にはじまったのもこのころでした。

＊ アムネスティ・インターナショナル「スーダン：ダルフール　戦争の兵器としてのレイプ：性暴力とその結果」。"Sudan: Darfur: Rape as a weapon of war: sexual violence and its consequences", 18 July 2004.

ただ、性暴力の重大性を直視しながらも、それぞれの紛争の全体像を見失うことがあってはなりません。例えば一九九九年三月、ＮＡＴＯ（北大西洋条約機構）軍は、アルバニア系住民の「大量虐殺を阻止する」という口実で、首都ベオグラードを含むユーゴスラビアへの空爆を強行し、二〇〇〇人以上の民間人が犠牲となりました。その際にセルビア人による「民族浄化」なるものがマスコミを通じて大々的に報じられ、それが攻撃を正当化する口実にもされました。

このＮＡＴＯの軍事攻撃は国連安保理の決定もない、違法なものです。しかも、アメリカは紛争解決の交渉中に、ユーゴ側が受け入れ不可能な「全面占領」を持ち出して、話し合いを意図的に決裂させて、攻撃に出たのです。アメリカの狙いは、ヨーロッパの同盟国とともに、この地域に支配権を確立することでした。その後、「大量虐殺」や「民族浄化」が誇張されたものであったことが、様々な調査報告で明らかにされました。

日本共産党は、ＮＡＴＯのユーゴへの空爆に反対し、その即時停止とともに、すべての紛争当事者による武力行使の中止と和平交渉の再開を求めました。ヨーロッパの運動の中には、「虐殺阻止なら、空爆はしかたがない」といった声もある中で、日本の平和運動はこの武力行使に断固たる抗議を表明しました。

戦時下の性暴力がクローズアップされるなかで、一九九三年一二月二〇日、国連総会で「女性に対する暴力の撤廃に関する宣言」が採択されます。これは、戦争被害をジェンダー観点からあきらかにし、その解決を国際政治の課題としたという点で、画期的なものでした。ドメスティック・バイオレンス、強姦《ごうかん》、女性器切除、セクシュアル・ハラスメントなどとともに、国家による女性への暴力、武力紛争下への女性への性暴力を根絶すべきものとして宣言しました。

この流れが、史上最大規模の世界会議となった第四回世界女性会議（一九九五年九月、北京）、いわゆる北京会議へとつながっていきます。北京会議には、一八九カ国の政府代表にくわえて、四〇〇〇名のNGOや市民団体の代表が参加し、市民と諸国政府との活発な議論がおこなわれました。また、政府の公式会合と並行して開催されたNGOフォーラムには、四万人の市民社会のメンバーが集いました。国連は、北京会議の最終文書である行動綱領を作成するうえで、女性団体は「主導的な役割を果たした」と高く評価しました。それだけに北京会議は「女性の市民社会組織にとっての新たなターニングポイント」だといわれました。*

＊　前掲UNウィメン「紛争の予防、正義の変革、平和の確保」三〇ページ。

北京会議の「行動綱領」はまず、男女平等は「平和への必要かつ基本的な前提条件である」（第一章　使命の声明、第一項）としています。そのうえで、軍事紛争で女性が男性より深刻な被害を受けることを指摘します。例えば「武力紛争の際には、女性の人権に対する重大な侵害が発生し（中略）殺人、拷問、組織的なレイプ、強制的な妊娠及び強制的な中絶まで起こる」（第二章 世界的枠組み、第一一項）と述べています。この男女の被害の差に着目することは、その後、核兵器の問題にも生かされていく重要な視点です。

「行動綱領」で注目すべきは、「女性と武力紛争」（「戦略目標及び行動」〔第四章〕）と題する項目を特別に設けたことです。「戦争状況下における女性への組織的なものを含むレイプや、難民及び避難民の大量退去を生む重大な人権侵害は、強く非難され、直ちにやめさせなければならない。（中略）そのような犯罪の加害者は処罰されなければならない」と断じました。重要なことは「武力紛争下における女性の人権の侵害は、国際人権法及び人道法の基本原則の侵害である」としている点です。つまり、ことは女性だけの問題ではなく、すべての人々にかかわる人権侵害であり、男性も女性も、ともにその阻止に取り組むべきであると述べているのです。「女性を守る」という立場をこえた、ジェンダー観点がここにはあります。

女性の役割についても「行動綱領」は、「（女性は）平和を目指す人類の運動においてさまざまな資格で中心的行為者としての地位を次第に確立しつつある」と評価し、「意思決定、紛争の予防・解決及びその他のあらゆる平和の発議への女性の完全な参加が、永続する平和の実現に不可欠である」と述べています。「北京宣言」では、「平和運動において女性が果たしてきた主要な役割」（第二八項）を評価しています。その一方で、「殆どが女性と子どもである（武力紛争の）文民犠牲者は、しばしば戦闘員の死傷者の数を凌《しの》ぐ」にもかかわらず、「意思決定の地位には未だ（女性の）参加が不足している」と述べ、現状とのギャップを指摘しました。

■「ジェンダー観点の主流化」

北京会議の文書では、「ジェンダー観点の主流化」という言葉が目立ちます。また、この会議以降、国連の文書にはこの言葉が多く使われるようになりますので、ここで説明しておきたいと思います。

これは、国連がつくりだした考え方で、ジェンダー平等を実現するために、男女双方への影響を分析して、様々な法律や政策をつくり、実行するという視点をいつも柱にすえるということです。ジェンダー観点の主流化という考え方はもともと、ユネスコ（国連教育科学文化機関）の人権活動をジェンダー観点ですすめるための専門家会合が、一九九六年にまとめたものです。*1 国連事務総長も、すべての国連機関の責任者に、ジェンダー観点の主流化を促すことを求めました（一九九七年一〇月一三日）。こうして、一九九六年から一九九七年にかけて「主流化」の考え方が確立したのです。経済社会理事会（ＥＣＯＳＯＣ）は次のように定義しています。「ジェンダー観点の主流化とは、あらゆる領域・レベルで、法律、政策およびプログラムを含む計画されているすべての活動で、男性及び女性への影響を評価するプロセスである。これは女性と男性が平等に利益を享受し、不平等を永続化させないために、男性だけではなく女性の関心および経験を政治的、経済的、社会的な全領域において計画、実行、監視、評価の不可欠な部分とする戦略である。この最終目標は、ジェンダー平等の達成にある[*2]」。

＊1 Expert Group Meeting on the Development of Guidelines for the Integration of Gender Perspectives into Human Rights Activities and Programmes, UNESCOR, 52nd Session, UN Doc. E/CN. 4/1996/105 (1995).

＊2 経済社会理事会の合意結論〔ＥＣＯＳＯＣ Agreed Conclusion, 1997/2〕、一九九七年七月一八日の同理事会第三三回会合で採択。

5 国連女性二〇〇〇年会議

北京会議の「行動綱領」の実施状況をふり返るとともに、今後の行動について議論するために、二〇〇〇年六月、ニューヨークの国連本部で、「国連女性二〇〇〇年会議：二一世紀に向けてのジェンダー平等・開発・平和」が開催されました[*]。約一八〇カ国からおよそ二〇〇〇人の政府代表団が参加し、「政治宣言」と「北京宣言及び行動綱領のための更なる行動とイニシアティブ」（以下

「成果文書」）を採択しました。

＊ Women 2000: Gender Equality, Development and Peace for the 21st Century. 日本の外務省は「Gender Equality」を男女平等と訳していましたが、ここでは原題通り「ジェンダー平等」としました。

■「成果文書」の行動提起

会議では、北京会議後の「成果」として、様々な分野でジェンダー観点の重要性にたいする「認識」「気運」の高まりが指摘されました。たしかに国際文書の上では、ともかくジェンダー観点の主流化が叫ばれるようになりましたが、現実世界の変化は、それに見合ったものではありませんでした。「成果文書」も、「女性に対する人権侵害が今でも横行している」と述べざるを得ませんでした。

さらに、ジェンダー観点からうきぼりにされた新しい問題もありました。紛争で男性が動員され、女性が世帯主となることでの困窮化、『過剰な軍事支出」などによって、「女性の地位向上に向けられるべき資金が配分されていない（こと）」、強制移住や一家離散が女性や子どもにあたえる深刻な影響、女性戦闘員や性的奴隷の問題、家事提供者として誘拐又は徴用される少女の問題、などに新たな光があてられました。

その一方で、ひきつづき「意思決定における女性の参加が少ない」こと、「ジェンダーに対する認識が欠如している」状況が改善されていないことが、指摘されています。こうした「障害」を克服するために、具体的な行動が提起されました。*

＊「成果文書」第四章 行動綱領の完全かつ更なる実施の達成及び障害克服のための行動とイニシアティブ。

そのなかでも注目すべき一つは、政府機関がNGO、特に女性団体との共同を強化するよう求めていることです。

「成果文書」はこう述べています。「政府及び政府間機関は、NGOの自主性を十分に尊重しつつ、行動綱領の効果的実施にNGOが果たしている貢献や補完的役割を認識し（中略）引き続きNGO、特に女性団体とのパートナーシップを強化すべきである」。この文章は、「成果文書」の行動提起の全五七項目の三番目という上位に出てきます。高い優先順位が与えられているわけです。紛争の予防、解決にあたっては、「女性団体や地域に根差した組織、NGOの関与を支援する」ことも指摘されています。

二つめの取り組みは、これまでも強調されてきた「平和プロセスのあらゆるレベル」での「女性の全面的参加」です。政府の外交代表団の「女性と男性の均衡を実現させる」こと、国連などの「事務局上層部を含むあらゆるポストの男女比を、五〇対五〇とする」ことなど、これまで以上に踏み込んだ内容があります。

二つは、国際刑事裁判所ローマ規程への認識を広げること、犯罪を防止するとともに、関係者を訴追し、被害者を救済することを今後の行動として重視しています。北京会議で指摘された「武力紛争が男女に及ぼす影響の違い」をさらに究明することもあげています。

これらは、ただちに取り組まなければならない課題として、提起されましたが、その達成には、今日においても、さらなる努力が必要なのが実態です。

この会議の「政治宣言」には、「レイプ、性的奴隷、強制的売春、強制的妊娠、強制的不妊その他の形態の性的暴力は、武力紛争の状況下で行われれば戦争犯罪であり、一定の状況では人道に対する罪であると規定した点で、国際刑事裁判所（ＩＣＣ）ローマ規程の採択は歴史的意義を有する」という一文があります。このローマ規程について、少し説明しておきたいと思います。

■ローマ規程と戦時下の性暴力

国際刑事裁判所（ＩＣＣ）とは、国際人道法への違反、つまり戦争犯罪などを「裁き」の対象とした国際的な司法機関です。国と国の問題は国際司法裁判所（ＩＣＪ）で争われますが、ＩＣＣは個人の責任を追及します。またＩＣＪが国連の常設司法機関であるのたいし、ＩＣＣは国連から独立した機関です。

ローマ規程（一九九八年七月一七日、国連会議で採択）とは、人道法違反の内容や裁判所の手続きなどを取り決めたものです。ICCは、これにもとづいて二〇〇三年にオランダのハーグに設置されました。ローマ規程が対象とする犯罪には、「集団殺害犯罪」（ジェノサイド）、「人道に対する犯罪」、「戦争犯罪」、「侵略犯罪」の四つがあげられています。「戦争犯罪」（第八条）には、五〇の内容がありますが、その中に「強姦、性的な奴隷、強制売春、（中略）妊娠状態の継続、強制断種その他あらゆる形態の性的暴力」（同条二項〔b〕XXII）が明記されています。

重要なことは、武力紛争下での性暴力は、一般的な性犯罪ではなく、「戦争犯罪」とされていることです。つまり、平和と安全への脅威、その破壊行為とみなされるのです。「明日をも知れぬ兵士の性欲を許せ」などと言って、「慰安婦」問題の合理化をはかろうとした日本の漫画家がいました。しかし、戦時下における「性的な奴隷」「強制売春」は、個人の性衝動によるものではなく、「戦争犯罪」として断罪されるものなのです。

武力紛争のもとでの性暴力は、戦争と軍隊というシステムのなかで犯される構造的、組織的犯罪です。その視点を明確にした点で、ローマ規程は、歴史的な意義をもっています。

ローマ規程はまた、こうした性暴力は「人道に対する犯罪」であるとしています。「人道に対する犯罪」は「文民たる住民に対する攻撃であって広範又は組織的なものの一部として、そのような攻撃であると認識しつつ行う（中略）行為」（第七条）です。つまり、戦時下でのレイプや強制妊娠などは、違法な軍事攻撃として、裁かれるのです。

6　安全保障理事会決議一三二五――二〇〇〇年

紛争の現場や和平交渉、軍縮の分野でジェンダー観点の必要性は徐々に、認識されるようになっていきました。しかし、それを真に実効力あるものとするには、戦争と平和の問題をあつかう安全保障理事会を動かさなければなりません。戦争と紛争に手を下してきたアメリカなど大国に行動を迫るのです。

これまで見てきたように、女性差別撤廃の動きは、経済社会理事会（ＥＣＯＳＯＣ）や人権委員会などが中心になってきました。しかし、安全保障の問題で、強制力のある措置をとることができるのは、安全保障理事会です。

この点で、二〇〇〇年に大きな転機がおとずれます。国連安全保障理事会が二〇〇〇年一〇月、全会一致で決議一三二五「女性・平和・安全保障」*1を採択したのです。安保理がはじめて、ジェンダー観点から安全保障政策をうちだした画期的な決議です。国連は決議採択一五周年（二〇一五年）にあたって、この決議の「革命的」なアイディアは、「平和が持続可能であるのは、女性が完全に参加する場合に限られ、平和は男女の半等と密接に関連しているという認識」にあると述べた点にありました。[*2]

＊1　R/SCR/1325.

＊2　前掲UNウィメン「紛争の予防、正義の変革、平和の確保」二八ページ。

決議はまず、「一般市民、とりわけ女性と子どもが（中略）武力紛争により不利な影響を受ける者の圧倒的多数を占めており」、これが平和に悪影響を及ぼしていることを指摘しています。そして、「平和構築における女性の重要な役割」「平和と安全の維持および促進のあらゆる取組における女性の平等な参加と完全な関与の重要性」「意思決定における女性の役割を増大する必要」を強調しています。

決議は具体的な一八項目の行動を提起していますが、その中心は「女性の参加」です。第一から第四までが、この問題にあてられています。[*]

＊　第五項は、「平和維持活動にジェンダーの視点を取り入れる」こと、第六項は、「女性の保護、権利および特別なニーズ」や「女性の関与の重要性」についての研修をすすめること、第七項は、それにたいする加盟国への物的支援の要請です。第八項では、ジェンダーの視点を採用するうえで必要な、女性と少女の人権と特別のニーズに応えるための具体的内容をあげています。第九項は「文民としての女性と少女の権利と保護に適用可能な国際法（中略）で適用される義務を十分に尊重」することを求めています。「国際刑事裁判所のローマ規程の関連条項を念頭におくことを求め」ている点も重要です。第一〇項は「ジェンダーに基づく暴力、とりわけレイプおよびその他の形態の性

的虐待（中略）その他のあらゆる形態の暴力から、女性と少女を保護するための特別な措置を講じることを求め」ています。第一一項は、女性に対する「戦争犯罪に責任を有する者の不処罰に終止符を打ち訴追する」と国家の責任を強調しています。第一二～一四項では、難民キャンプや武装解除、さらには国連の経済制裁や軍事的措置に際して、女性および少女の特別なニーズを考慮することを求めています。第一五項は、安全保障理事会は、その任務遂行にあたって「ジェンダーに基づく配慮と女性の権利を考慮」することを表明しています。その際「現地のまた国際的な女性団体との協議」を明記していることは、市民社会の参画という点で重要です。第一六項は、「ジェンダーの次元に関する研究」の実行と報告を、第一七項は、「ジェンダーの主流化に関する進展」の報告を求めています。第一八項では、安保理が、「この問題に引き続き積極的に関与することを決定」するとしています。

市民社会が推進力に

この決議が採択された背景には、戦争と平和をジェンダー観点で問う大きなうねりがありました。先に述べた北京会議や国連女性会議の成功もその一つです。とくに強調したいことは、市民社会が、決定的ともいえる役割を果たしたことです。女性のNGOや運動団体は、北京会議の成功を力に、安全保障理事会を動かすことに力を集中していきました。とくに、女性と平和に関する安保理決議の採択をめざす動きが広がっていきました。彼女たちはネットワーク「女性と武力紛争についての

NGO作業グループ」[*1]を結成し、各国政府との折衝などを精力的にすすめました。決議の内容についても政策的な提言をおこない、実際に決議文を起草する作業にも参加しました。こうした活動抜きには、決議一三二五は、実現しなかったでしょう。それだけに、「(この決議の)土台づくり、外交とロビー活動、文書の起草と修正が、ほぼすべて市民社会によっておこなわれた、唯一の安全保障理事会決議であり、関わったのがほぼすべて女性だった最初の安保理決議」だといわれました。[*2]

＊1　"NGO Working Group on Women and Armed Conflict". 婦人国際平和自由連盟(WILPF：Women's International League for Peace and Freedom)、アムネスティ・インターナショナル、インターナショナル・アラート、「ハーグ平和アピール」「難民女性と子どものための女性委員会」国際平和研究協会、ジェンダー正義の女性コーカス。

＊2　Cynthia Cockburn, "From Where We Stand War: Women's Activism and Feminist Analysis", Zed Books, January 2007, p.141.

国連は決議採択の一五周年(二〇一五年)にあたって、これは「一世紀以上にわたる国際的な女性の平和活動の成果」であり、「革命的なアイディアに実を結んだ、数十年にわたる行動主義(大衆運動のこと)の勝利だった」と強調しました。[*]

＊　前掲UNウィメン「紛争の予防、正義の変革、平和の確保」二九ページ。

当時、安全保障理事会の議長だったアンワルル・チョウドリ大使(バングラデシュ)が重要な役割を果たしたことも述べておきたいと思います。彼は「平和の文化」、ジェンダー平等、若い世代の参画を推進してきたことでも知られており、二〇〇二年に国連事務次長に任命された人物でした。チョウドリ氏が二〇〇〇年三月八日、国際女性デーにあたって、安全保障理事会議長として発表した声明が、市民社会を大きく励ましました。彼は、「平和は女性と男性の平等と密接に関連している」「権力構造への女性の平等なアクセスと完全な参加、そして紛争の防止と解決のためのあらゆる努力への女性の完全な関与が、平和と安全の維持と促進に不可欠である」と強調しました。そのうえで「（武力紛争では）女性と少女が特に影響を受けている」にもかかわらず、「紛争に関する意思決定において女性の代表はまだ少ない」と指摘し、「すべての政策やプログラムにジェンダーの視点を主流化する積極的で目に見える政策を推進」すべきだと訴えたのです。

これが決議採択に大きなインパクトをあたえたことは、決議一三二五号の冒頭で、「二〇〇〇年三月八日の女性の権利と国際平和のための国際連合デー（国際女性デー）に際しての、安保理議長の記者発表声明（SC/6816）も想起」していることにも示されています。

決議一三二五号が採択されたからといって、すべてが変わったわけではありません。例えば、この決議がジェンダー観点で取り上げようとしているのは、おもに地域紛争の問題です。つまり、焦点となる女性への被害は、紛争中の行為によるものであり、女性の参加が問題となるのは、和平交渉とその後の平和構築のプロセスでした。地域紛争も世界の平和にとって重要であることはいうまでもありません。しかし、戦争や紛争そのものを起こらないようにすること、核軍縮をはじめとする大幅な軍縮と軍事費の削減を実現することなど、世界の平和をめぐる「基本問題」において、ジェンダー主流化をはかることは、より根本的な課題です。問われているのは、戦争を女性にとってより安全なものにすることではなく、戦争そのものをジェンダー観点で防ぐことなのです。

各国にこの決議の実践をうながし、それを「監視」するために、国際的な女性団体のネットワーク*がつくられます。この動きに、国連女性開発基金（ＵＮＩＦＥＭ：United Nations Development Fund for Women、現在のＵＮウィメン）が協力し、決議一三二五号についての国連と市民社会の共同がすすめられました。こうした動きがやがて、世界的なイラク反戦運動のたかまりや、核兵器廃絶の流れの発展などとあいまって、平和の「基本問題」にジェンダー観点から迫る動きを生み出していくのです。

＊「女性・平和・安全　ＮＧＯ作業グループ」（NGO Working Group on Women, Peace and Security）。婦人国際平和自由連盟（WILPF）、アムネスティ・インターナショナル、オックスファム（Oxfam）などが参加。

7　決議「女性、軍縮、不拡散、軍備管理」——二〇一〇年

二一世紀に入り、国連の軍縮活動でもジェンダー主流化への取り組みが生まれます。

国連軍縮局は二〇〇一年、ジェンダー観点の主流化をすすめるために、「軍縮に関するジェンダーの視点」と題された一連の「ブリーフィングノート」を作成します。* 核軍縮とジェンダーの関係も、その重要テーマの一つに位置づけられたのです。

＊ 一九九七年に設立された国連ジェンダー問題特別顧問事務所と協力してつくられたものです。

クラスター弾を禁止する条約（二〇〇八年成立、二〇一〇年発効）は、一つのカテゴリーの兵器を禁じた軍縮条約としてはじめて、ジェンダー観点を導入しました。クラスター弾の被害者にたいして、「年齢及びジェンダーに配慮した援助（医療、リハビリテーション及び心理的な支援を含む）を適切に提供し（中略）社会的及び経済的に包容されるようにする（注：排除されたり、差別されたりすることがないようにする）」（第五条一）ことを義務付けています。

二〇一〇年には、決議一三二五採択一〇周年にあたって決議「女性、軍縮、不拡散、軍備管理」* が国連総会で採択されます。これは、女性と安全保障一般ではなく、「不拡散」という言葉ですが、核兵器に関わる問題もテーマとされた決議です。同年のNPT再検討会議にむけた世論と運動の発展、最終文書の採択が、こうした動きを後押ししたといえます。

＊ “Women, Disarmament, Non-Proliferation and Arms Control” (A/RES/65/26).

決議は「女性と男性の両方が平等かつ完全かつ効果的な参加は、持続可能な平和と安全の促進と達成に不可欠な要素の一つである」ことを再確認しています。そのうえで、「暴力と武力紛争の予防と削減、および軍縮、核不拡散、軍備管理の促進（中略）軍縮措置に対する女性の貴重な貢献」

を評価し、「軍縮、不拡散、軍備管理における女性の役割をさらに発展させる必要がある」と表明しています。そして、国連加盟国と諸機関に、「軍縮分野の機関への女性の効果的な参加を支援し、強化することを要請する」と訴えました。

この決議を提案したのはトリニダード・トバゴでした。同国のエデン・チャールズ大使は提案にあたって、この決議の目的をこう述べました。「持続可能な平和の達成における女性の役割についての理解を広げ、また、この重要な分野での彼女たちの貢献の価値を認識することを通じて、安保理決議一三二五によって築かれた基礎の上に、前進を築くことである」。

このように、決議「女性、軍縮、不拡散、軍備管理」は、ジェンダー観点を軍縮分野で主流化するために重要な意味をもっていました。しかし、その文言とはうらはらに、実践は十分ではなく、核軍縮交渉のなかで、ジェンダー観点が議論されることも、ほとんどありませんでした。それが大きく変わるきっかけとなるのが、核兵器禁止条約の交渉と採択でした。この点については、次章で詳しく述べます。

補論　「ジェンダーに基づく暴力」について

二〇一〇年以降、決議「女性、軍縮、不拡散、軍備管理」は毎年国連総会で、無投票で採択されてきましたが、二〇一四年の総会ではじめて投票に付されます。これは、一部のアフリカ、中東の国が、「ジェンダーに基づく暴力」（ＧＢＶ）に言及したパラグラフに棄権を表明し、投票結果の記録を求めたためです。

「ジェンダーに基づく暴力」（Gender-Based Violence　ＧＢＶ）とは、社会的性差（ジェンダー）にもとづいて、相手の意思に反して害を与える行為をさす言葉で、国連など国際社会で一般に使われています。具体的には、男性、女性あるいはＬＧＢＴの人々に対する身体的暴力（暴行）・性的暴力（強姦・強制猥褻《わいせつ》・避妊への非協力・妊娠中絶強要などの性的暴行）とともに、心理的暴力（セクシュアルハラスメント）、さらには社会的経済的虐待や差別など幅広い内容を含んでいます。

この言葉に棄権した国の中には、率直にいって、誤解や不理解もありました。例えばアラブ・グループの声明は、ＧＢＶは「女性に向けられた暴力」あるいは、「女性に不均衡な影響を与える暴力」として定義されるべきだと主張しました。しかしＧＢＶは、女性に対する暴力だけではありません。社会的につくられた規範や認識、性差別に基づく幅広い暴力行為が含まれます。例えば、同性愛者への攻撃なども含まれます。また、ジェンダー観点による男女の戦争被害の差も「女性の方が男性よりも大きな被害をうける」ということだけを意味しません。ある種類の兵器の使用がもたらす結果は、男女の身体差やおかれている社会的立場によって異なるからです。国連も、「ジェンダーを考慮したアプローチとは、女性についてのみではなく、より広くジェンダー（性差）を分析するということだ」と述べています。*

* 「世界的な調査では、若い男性が小型武器・軽火器（SALW：Small Arms and Light Weapons）の使用による直接的な影響を、不均衡に受けていることが示されている（銃による殺人の犠牲者の九〇パーセントは男性である）。一方、女性は間接的で長期的な結果の犠牲者になる傾向がある」（「国連行動計画を効果的に履行するためのジェンダー主流化」"Mainstreaming gender for the effective implementation of the UN PoA", 2006）。

二〇一四年の国連総会で、決議は一七一という圧倒的多数の賛成で採択されました。反対、棄権ともにありませんでした。GBVのパラグラフに棄権を表明した国は二四に上りましたが、それらの国も決議全体には賛成票を投じました。なお、この総会で、決議採択のリーダーシップをとった国々は、カリブ海共同体、オーストリア、アイルランド、ジャマイカでしたが、これらの国は核兵器禁止条約の成立でも、重要な役割を果たします。

■武器貿易条約――二〇一三年

ＧＢＶが二〇一四年の国連総会で議論になった背景には、二〇一三年四月に国連で採択された、武器貿易条約（ＡＴＴ：Arms Trade Treaty）がありました。[*1] 条約の主要な目的は、ジェノサイド（集団殺害）、人道に対する罪、戦争犯罪に使用されることが明らかな場合などに、武器の輸出入を禁じることです。対象となるのは、戦車や戦闘機といった通常兵器、拳銃や自動小銃をはじめとする小型武器です。同時に、そうした兵器を入手した勢力がＧＢＶに及ぶという事態を防ぐことをめざしているのも大きな特徴です。[*2] 実際、紛争地域では、女性や子どもなどを標的にしたＧＢＶが横行しやすい状況があります。二〇〇〇年の安保理決議一三二五もそのことを強調しています。

＊1　採択では一五六カ国が賛成し、反対三カ国、棄権二三カ国でした。発効は二〇一四年一二月。条約が対象とする兵器は、大型武器七種類（戦車・装甲戦闘車両・大口径火砲・軍用艦艇・攻撃用ヘリコプター・戦闘用航空機・ミサイルおよびミサイル発射装置）および小型兵器・軽兵器八種類の移転（移譲）です。締約国は一〇五カ国（二〇一九年九月末現在）。

＊2　「ジェンダーに基づく重大な暴力行為又は女性及び児童に対する重大な暴力行為を行い、又は助長するために使用される危険を考慮する」（第七条四項より）。

しかし、大国による干渉や侵略の脅威にさらされている国などは、自衛のための武器を購入（輸入）することは、自国の安全と主権にかかわる問題だと主張して、参加していません。決議「女性、軍縮、不拡散、軍備管理」でGBVが問題になったのは、これがATTにふれたパラグラフで論じられていたためです。ATTへの異論がGBVへの認識不足とむすびついてしまった印象を受けます。二〇一六年には主導的提案国は六五に増え、再び無投票採択となりましたが、ATTとGBVに言及したパラグラフについては、三四カ国が棄権しました。

ただ、棄権した国の中には、耳を傾けるべき指摘もありました。例えばキューバ（ATT未加盟）は、「ジェンダーの平等と女性のエンパワーメントを達成することを目的とした実践的な行動を引き続き支援し、促進していく」という立場を表明したうえで、決議が、小火器や軽火器だけをGBVの原因としているが、「大量破壊兵器や高度化した通常兵器」を無視しては、バランスが取れないと述べました。核兵器などの大量破壊兵器もジェンダー観点、GBVの視点でとりあげるべきだという主張は道理のあるものです。ここには、地域紛争におけるGBVだけを強調して、紛争の根本的な原因と責任に迫らない問題に共通するものがあります。

ATTが、軍縮・安全保障分野でのジェンダー議論を活性化するうえで、重要なきっかけとなったことは事実です。しかし、この条約の発効後も事態は改善されていません。世界の武器輸出量は毎年増え、歯止めがかかっていません。しかも、武器輸出総額の六割をこえる米ロは条約に参加していません。輸入の上位五カ国のうち条約に加入しているのは二位のオーストラリアだけです（サウジアラビア一位、中国三位、インド四位、エジプト五位は未加盟）。

8　軍縮プロセスにもっと女性参加を

ジェンダー主流化を実現するうえで早急に解決しなければならないことは、平和と戦争にかかわる政策の立案、その執行や交渉などのあらゆる面で、女性の参加を拡大し、男女の平等な参加を実現することです。

女性の参加を高めるということは、会議室にいる「女性の数を増やす」ことだけではありません（まずは、そのこと自体も大事ですが）。女性の「意味のある参加を保障する」ということです。つまり、解決策を見いだし、政策をつくる際に、女性が発言をし、提案をおこない、それを決定に反映させるということです。もちろん、その場合には、女性の外交官や専門家とともに、ＧＢＶ被害者をはじめ、戦争と紛争の影響をうける当事者の参加が重要であることはいうまでもありません。また、軍隊内のセクハラなどのケースのように、ＬＧＢＴの当事者の参加も重要です。

安全保障の分野で女性の参加を拡大することは、女性差別撤廃条約以来、強調されてきたことでした。しかし現状は、「男女の平等な参加」にふさわしい水準に達していません。*

＊　国連女性差別撤廃委員会（ＣＥＤＡＷ）の勧告（二〇一三年）は次のように述べています。「女性の権利に対する紛争予防の重要性にもかかわらず、（中略）紛争予防への女性の参加は低い。当委員会は以前、予防外交や軍事費や核軍縮などの世界的な問題に取り組んでいる機関への女性の参加率が低いことを注視してきた。そのようなジェンダーに目を閉じた紛争予防措置は、（女性差別撤廃）条約に適合していないばかりか、紛争を適切に予測および予防することもできない。女性の利害関係者を含め、紛争のジェンダー分析を行うことによってのみ、締約国は適切な対応を構想できる」。Committee on the Elimination of Discrimination against Women, General recommendation No.30 on women in conflict prevention, conflict and post-conflict situations (18 October 2013).

■現状――「いまだに時代遅れ」

国連軍縮研究所（ＵＮＤＩＲ）は、「いまだに時代遅れ」（"Still Behind the Curve" 二〇一九年六月二四日）と題する報告を発表しました。女性の軍縮プロセスへの参加は、ジェンダー平等が当然とされる今の時代からも遅れたものになっているということです。報告は「過去四〇年間で着実に増加しているものの、女性の数は少ないままである」と指摘しています。

表４は、軍縮関連の国際会議での女性外交官の比率です。ジュネーブの軍縮会議は女性の比率は

表４　国際会議における外交官の男女比

会議	代表数	男	女
GGE：弾薬（2008年）	17	100%	0%
GGE：核軍縮検証（2018-19年）	27	93%	7%
GGE：核分裂物質（2017-18年）	30	87%	13%
国連安全保障理事会（2018年４月の平均）	15	80%	20%
対人地雷禁止条約・締約国会議（2017年）	366	75%	25%
核兵器禁止条約の国連会議（2017年）	598	69%	31%
NPT 再検討会議・準備委員会（2018年）	603	67%	33%
化学兵器禁止条約・締約国会議（2016年）	671	67%	33%
生物兵器禁止条約・締約国会議（2018年）	533	67%	33%
クラスター弾禁止条約・締約国会議（2018年）	273	67%	33%
国連総会・第一委員会（2018年）	782	66%	34%
軍縮会議（ジュネーヴ）（2018年）	353	63%	37%

出典　UNIDIR《Still Behind the Curve》p12より作成

三七パーセント、国連総会・第一委員会で、三四パーセントです。いずれも男性がほぼ三分の二を占めています。核兵器禁止条約を交渉した国連会議でも女性は三一パーセントにとどまります。国連安全保障理事会になると男性の比率は八割に達します。さらに政府専門家会合（GGE）になると、女性の比率はぐっと落ち込んで一割台となり、なかにはゼロという会合もあります。会議の規模でみると、参加者が一〇〇人を超える会議では、女性の平均的な割合は三二パーセントですが、一〇〇人未満の小さなフォーラムでは二〇パーセントに減少します。一九八〇年には、第一委員会、軍縮会議のいずれも女性の比率は数パーセントで、「女性は軍縮外交にはほとんど欠席」（前掲、UNDIR報告）という状況だったことをみれば、「着実な前進」といえますが、男女の平等な参加からはほど遠い状況です。

あわせて指摘しておきたいのは、各国政府代表団の責任者、団長の女性比率の低さです。代表団の男女比以上に、男性に偏っています。二〇一八年の第一委員会、軍縮会議のいずれの場合も、代表団長の七六パーセントが男性によってしめられています。UNDIRの報告は、団長が男性の場合は、女性が会議で発言する機会が少なくなることを指摘しています。例えば第一委員会（二〇一八年）の女性比率は三四パーセントでしたが、女性の発言は全体の二七パーセントにとどまっています。報告は、女性がリーダーシップという点で過小評価されていると結論付けています。

また報告は、他の分野と比べても、平和・軍縮分野における女性の少なさを指摘しています。国連総会には六つの委員会がありますが、その女性比率（二〇一八年）をみると次のようになります。第一委員会：軍縮・国際安全保障（三二・四パーセント）、第二委員会：経済・開発（三八・三パーセント）、第三委員会：社会開発・人権・文化（四八・九パーセント）、第四委員会：政治と非植民地化（三三・九パーセント）、第五委員会：国連の行財政（三六・八パーセント）、第六委員会：法務（三四・一パーセント）。第一委員会が最も低くなっています。

この傾向は国連だけでなく、それ以外の多国間政府会議と比べても同様です。例えば、ILO総会（四二・二パーセント、二〇一七年）、ユニセフ年次執行委員会（三八・八パーセント、二〇一八年）、国連気候変動枠組み条約・締約国会議（三五・四パーセント、二〇一七年）、一方、軍縮関係会議の平均は三二パーセントにとどまっています。

こうした状況は、先にも述べた、戦争や軍隊における男性優位主義、男権主義との深い関係があるように思います。女性の参加の拡大は、ジェンダー主流化をなしとげるカギとなっています。

第6章　ジェンダー観点で核軍縮を

2017年6月17日、核兵器禁止条約の国連会議を受けて米国の女性団体が呼びかけたニューヨークでの「核兵器を禁止する女性行進」。日本からの参加者もいた（しんぶん赤旗提供）

広島に投下された原子爆弾の名前は、「リトルボーイ」であり、長崎のそれは「ファットマン」でした。双方ともに「男性」であったことは、けっして偶然ではありません。ここからは、核兵器問題におけるジェンダー観点の重要性についてみていきたいと思います。

1　核兵器と「男らしさ」

核兵器とジェンダーの関係については、一九八〇年代の初めごろから研究や議論がありました。

■一九八〇年代の先駆的研究

ヘレン・カルディコット氏（Helen Caldicott　一九三八〜）は、核兵器をジェンダー観点から論じた先駆者の一人です。オーストラリアの医師で、作家でもある彼女は、米ソの核軍拡競争が激化していた八〇年代に、反核運動と女性の参加に重要な役割を果たしました。アメリカに渡った彼女は一九七八年から「社会的責任を果たすための医師団」（ＰＳＲ）の議長をつとめ、一九七〇年から「開店休業」状態にあったこの組織の事実上の再建をはたします。この団体は、医師の立場から反核運動の発展に重要な貢献をはたし、一九八五年にはこの団体が創設に尽力した核戦争防止国際医師会議（ＩＰＰＮＷ）がノーベル平和賞を受賞しました。また彼女は一九八二年、アメリカで「核軍縮のための女性の行動」（ＷＡＮＤ：Women's Action for Nuclear Disarmament）を設立しました。これは、核兵器廃絶のためには「女性から行動しなければならない」という信念に基づくものでした。ちなみに彼女が核兵器と放射線に対する問題意識を高めるきっかけになったのは、ネビル・シュートの小説『渚にて』だったそうです。第三次世界大戦が起き、核爆発の放射線で地球が汚染されて、人類の死滅にいたる物語です。人々が薬物による安楽死をえらび、街がさびれていく様が忘れがたい印象を残します。一九五九年にグレゴリー・ペックとエヴァ・ガードナーが共演して映画化されたことでも有名です。

カルディコット氏は、小児科医学の観点から、放射線がもたらす女性や子どもへの影響について研究し、警鐘をならしてきました。その著書《ミサイル羨望《せんぼう》：軍拡競争と核戦争》*（一九八四年）では、核軍拡競争のなかで、巨大な核戦力をうらやましく思うような、男性の言葉や感情がみられると指摘し、それが男権主義に根差すものであることを明らかにしました。力への依存をジェンダー観点から明らかにした彼女の論文は、その後の女性運動や研究家たちに大きな影響を与えました。

＊　Helen Caldicott, "Missile Envy: The Arms Race and Nuclear War".

イギリスの物理学者、ブライアン・イースリー氏（Brian Easlea　一九三七〜二〇一二年）も早くから、核兵器をジェンダー観点から論じた学者の一人です。彼は量子力学で有名なニールス・ボーアに師事しましたが、一九六〇年代にブラジルを訪れ、当時の軍事独裁政権の暴政と、そのもとでの人々の貧困などを目の当たりにして、人生観を一変させたといいます。彼はもともと、科学の道義的、政治的役割について考えを深め、なによりも核戦争に大きな懸念をもっていました。ブラジルでの体験は、そんな彼が物理学から歴史など社会科学の道に進むきっかけになったのです。同時に、《魔女狩り、魔法と新しい哲学》（一九八〇年）、《科学と性的抑圧》（一九八一年）といった著作をあらわすなど、科学の進歩とジェンダーの関係にも強い問題意識をもっていました。

その彼が「男らしさ」と核兵器の関係について論じたのが《考えられないことの父となる：男らしさ、科学者、核軍拡競争》*（一九八七年）です。この中で、彼は核兵器の巨大な威力は「マッチョな男らしさ」と密接な関係があることを明らかにします。核兵器が肯定され、受け入れられる背景には、男性的なものの優位、男権主義的な社会や政治があるというのです。

* Brian Easlea, "Fathering the Unthinkable: Masculinity, Scientists and the Nuclear Arms Race" (London: Pluto Press, 1983).

アメリカの女性学者らがまとめた「大量破壊兵器についてのフェミニスト倫理観*」という論考は、こうした一九八〇年代の議論について次のように述べています。「一部のフェミニストは、核兵器の魅力、特に実際の核爆発やその想像によって引き起こされる興奮と畏敬《いけい》の念に注目していた。

核兵器の爆発または発射の魅力を、男性の欲望とアイデンティティを反映し、強化するものとして見ている者もいる」。

＊ "A Feminist Ethical Perspective on Weapons of Mass Destruction", Consortium on Gender, Security, and Human Rights, Working Paper No.104 / 2003.「ジェンダー、安全保障、人権に関するコンソーシアム」の創立者で、マサチューセッツ大学ボストン校で女性学を教えるキャロル・コーン（Carol Cohn）氏と、フェミニスト哲学者であるサラ・ルディック（Sara Ruddick）氏が共同でまとめた論考。

八〇年代の議論はその後、核兵器が政治の場で語られる際の「言葉使い」を、ジェンダーの視点から分析するという、興味深い研究に引き継がれていきます。マサチューセッツ大学のキャロル・コーン氏は、軍事問題の専門家が核兵器について議論する際に、しばしば、遠まわしな言い方をしていることを指摘して、次のように述べています。「（核兵器が語られる際には）感情的なもの、具体的なもの、特定のもの、人体とその脆弱《ぜいじゃく》性、そして、人間の生活とその主体を、無視しているが、これらはすべて女性的なものとみなされているものだ＊」。

＊「大量破壊兵器廃絶のためのジェンダーの関連性」。C. Cohn, F. Hill and S. Ruddick, 'The Relevance of Gender for Eliminating Weapons of Mass Destruction', Disarmament Diplomacy, vol.80, no.1, 2005, p.5.

つまり、核政策を語る者は、被爆者の証言や核兵器がもたらす被害など、具体的な話はせず、安全保障上の必要性や数字など抽象的な話をするということです。被爆の現実など感情に訴えるものは、「女々しいもの」とみなされる。別の言い方をすれば、これら生身の人間に及ぼす影響をリアルに語るならば、核兵器が反人間的で、反道徳的なものであることが明らかとなるので、それをさけているのです。コーン氏は、そうした要素が意識的に排除されていることを、ジェンダー観点から明らかにしたのです。

■国連軍縮部の解説文（二〇〇一年）

これらの研究は主に、核兵器が社会のなかでどのように受け止められ、語られているのか、といった心理的な分析でした。ジェンダー観点で核兵器問題が、国連などで議論されるようになったのは、二〇一〇年代に入ってからのことです。そのきっかけは、前章で紹介した安保理決議第一三二五号の採択（二〇〇〇年）でした。

この第一三二五号決議を実践するうえで重要な役割を期待されたのが、国連軍縮部（UNODA）でした。軍縮部は決議採択の翌二〇〇一年三月、ジェンダー観点にたって軍縮課題をほりさげる解説書「大量破壊兵器に関するジェンダーの観点」*を発表します。「大量破壊兵器」ですから化学兵器や生物兵器にもふれていますが、その中身は、核兵器が中心です。内容的には、女性の核軍縮における重要な役割を指摘し、そのプロセスへの参加拡大を求めるものとなっています。

＊ Briefing Notes: Gender Perspectives on WEAPONS OF MASS DESTRUCTION (March, 2000, the UN Department of Disarmament Affairs).
解説文はこのほかに、小型武器、武装解除・動員解除・社会復帰、地雷、武装解除と開発、のテーマで発行されています。

解説書は「大量破壊兵器をみる場合に、どのようなジェンダー観点が重要か？」との問いを設定して、それにこたえる形で書かれています。その冒頭で述べられているのが、平和運動における女性の役割です。例えば、「男性の方が女性よりも好戦的だ」という一致した見解はないものの、母親としての経験が女性にとっては、平和運動に参加するモチベーションとなってきたことが指摘されています。これは、日本の母親大会とその運動が第一回原水爆禁止世界大会（一九五五年）の原動力になったことを思い起こすと、とても興味深い指摘です。これに関連して解説書は、イギリスのグリーナムコモン空軍基地におけるミサイル配備反対運動など、世界の女性の行動を紹介しています。二〇〇〇年八月五日に広島でおこなわれた「核兵器なくそう女性のつどい二〇〇〇」（同実行委員会主催）に一八〇〇人が参加し、核兵器廃絶を訴えたことが、コラムで紹介されていることは注目されます。

解説書はほかに、政治的、技術的な決定プロセスが男性によって支配されている現状を変えて、女性の参加を促進することが重要となっていると強調しています。また社会的に形成された「男らしさ」の価値観と戦争の関係などについても述べています。ただ、生物的な性差による核兵器の身体的影響については、当時の科学的知見の限界もあり、掘り下げるものとはなっていません。全体として、核軍縮交渉などでの女性の政治的役割の拡大に、大きな比重がありました。*

＊　解説書の各国政府にたいする具体的な提言は、女性の専門家の育成、女性研究者や核兵器問題をジェンダー観点で研究している人々との関係構築、女性の技術的専門家の参画、女性のNGOとの関係確立、女性全体へのアプローチの強化、などです。

2　人道的議論のなかで

核軍縮への女性の参加を実現するためにも、核兵器の使用による「不均衡な影響」について科学的な裏付けをもった議論が必要でした。

転機となったのは、核兵器の非人道性にたいする議論の発展でした。「核兵器の人道的影響に関する国際会議」（ウィーン、二〇一四年一二月）が、核兵器とジェンダーの問題を議題の一つにあげて、議論をおこなったのです。この会議にむけて、国連軍縮研究所（UNIDIR）と国際法政策研究所（ILPI）は共同で、「ジェンダー・インパクト」*と題する報告を作成します。これは、核兵器が女性にあたえる影響を多角的にあきらかにする、画期的なものでした。その中心点をみていきたいと思います。

＊ Anne Guro Dimmen, "GENDERED IMPACTS: the humanitarian impacts of nuclear weapons from a gender perspective", ILPI-UNIDIR Vienna Conference Series, No.5, 2014.

■がんの罹患と死亡のリスク

広島と長崎の被爆者の追跡調査にもとづいて、女性のがんの罹患率と死亡率が、男性よりも高いことが指摘されています。その根拠となったのが、被爆者を長年にわたって追跡調査してきた日本の放射線影響研究所[＊1]が作成した報告書「原爆被爆者の死亡率に関する研究 第一四報 一九五〇――二〇〇三年：がんおよびがん以外の疾患の概要」（二〇一二年三月）です[＊2]。

＊1 広島市への原子爆弾投下の直後にアメリカが設置した原爆傷害調査委員会（Atomic Bomb Casualty Commission ＡＢＣＣ）をうけついで、日米両政府が出資・運営する機関。なおＡＢＣＣは核戦略と結びついた調査が目的だったため、被爆者の治療には一切あたることはありませんでした。

＊2 この報告書は、アメリカ放射線影響学会（Radiation Research Society）の公式機関誌"Radiation Research"の二〇一二年三月号 一七七⑶（二二九～二四三ページ）に掲載されたものです。

この報告書では、八万六六一一人の被爆者が追調査対象となってきましたが、そのうちの五八パーセントが、調査期間一九五〇～二〇〇三年の間に死亡しています。報告には、放射線をあびることによって、どのくらいの人ががんにかかったり、死亡したりするリスクが上昇するのかを示した表があります。* そこでは、がんによる「死者合計と固形がん罹患」の双方で、女性が男性の二倍もリスクが高いことが示されています。種類別にみると、男性では、胆嚢《たんのう》および腎臓と尿管のがんにかかるリスクが女性よりも大きく、女性では、胃、直腸などのがんが際立って高くなっています。白血病のリスクは男性がやや高い程度です。いずれにせよ、全体的には女性へのリスクが高いことは明らかであり、報告も「放射線の影響の大きさに男女間に明確な差異がある」と述べています。

＊ p.324, TABLE 3, Number of Deaths, Excess Relative Risk (ERR) Estimates per Gy for Specific Causes of Death by Sex. ERR＝過剰相対リスクとは、放射線をうけた集団とそうでない集団とを比較して、被曝《ひばく》の度合いに応じて、その影響を比較し、数値化したものです。

また、この報告では男女とも、若い時期に被爆した人ほど、がんによる死亡リスクが高くなっていることが明らかにされています。つまり、放射線によるリスクが最も高いのが、幼い少女ということになります。

このウィーンの会議では、電離放射線によって女性は、男性より深刻な害を被ることを紹介したプレゼンテーションが、参加者に大きなインパクトを与えました。これはメアリー・オルソンというアメリカの生物学者によるものでした。*1 映像を使った彼女の報告は強い印象を参加者にあたえました。ただ、そこで使われたデータは、年間二〇ミリシーベルトの被曝を受け続けることを基準に、どれだけがんにかかるリスクが高まるかを示したものでした。二〇ミリシーベルトとは、原子力関係などに従事する専門職業人に対する平均年線量限度であり、核爆発による放射線の被曝とは異なります。[*2] ただ、放射線が男性よりも女性に大きなリスクをもたらすものであることを示す情報ではあります。

＊1　Mary Olson, "Nuclear: War of Human Consequences; the Medical Consequences of Using Nuclear Weapons", December 2014.

＊2　これは米国科学アカデミー（The US National Academy of Science）の電離放射線の生物学的影響に関する報告書 "BEIR VII"（二〇〇六年）のデータです。この内容はもともと、彼女が属する原子力資料情報サービス（Nuclear Information and Resource Service）が二〇一一年一〇月一八日に発表していたものでした。

■放射線被害の心理的影響

報告「ジェンダー・インパクト」のユニークな点は、こうした生物学的な影響だけではなく心理的な影響にも着目していることです。そもそもジェンダーとは生物的な男女差ではなく、社会的につくられた男女のあるべきイメージや「役割」ですから、これは当然のことです。

放射線の被害には、被爆直後にあらわれる急性障害だけでなく、何カ月も、何年もたってから発症する後発性の疾病もあります。被爆者は七五年間こうした不安にさいなまれ、またその子どもたちへの影響も心配しています。このように放射線は、心理的には他の戦災や災害とは違ったストレスを与えつづけます。

では、そこに男女の差はあるのでしょうか。報告で紹介されている例の一つは、一九八六年四月に起きたチェルノブイリ原子力発電所事故のケースです。国際外傷ストレス学会の学術雑誌に掲載された論文[*1]によると、ヨーロッパの多くの国では当時、男性よりも女性の方が、大きなストレスを感じ、防護的な行動をいつも以上におこなったことを紹介しています。また、チェルノブイリから一一〇キロ離れたベラルーシのゴメル（Gomel）という地域で調査をおこなった報告書[*2]によれば、一八歳未満の子どもをもつ母親が、男性よりも高い比率でメンタル・ヘルスの問題を引き起こしていました。もう一つは、一九七九年三月のアメリカ、スリーマイル島での原発事故です。国際的な医学研究雑誌「社会精神医学と精神医学疫学」の論文は、この事故で「もっとも苦痛を強いられたのは、ペンシルベニア州政府によって、家族を守るために、（原発）事故の直後に立ち退きを命じられた、幼い子をもつ母親だった」と指摘しています。[*3]

＊1　「沈黙の災害：チェルノブイリ遠距離放射性降下物からの脅威認識についてのヨーロッパの視点」。A. Tonnessen, Mardberg and Weisæth, 'Silent disaster: a European perspective on threat perception from Chernobyl far field fallout', Journal of Trauma Stress, vol.15 no.6, 2002, pp.453-459.

＊2 「ゴメル地域（ベラルーシ）におけるメンタル・ヘルス問題：チェルノブイリ災害の影響をうけた地域のリスク・ファクターの分析」。J. M. Havenaar et al, 'Mental health problems in the Gomel region (Belarus): an analysis of risk factors in an area affected by the Chernobyl disaster', Psychological Medicine, vol.26 issue 4, 1996, pp.845-855.

＊3 「スリーマイル島原発事故後一〇年間の精神的苦痛の時間的パターンの予測因子」。M. A. Dew and E. J. Bromet, 'Predictors of temporal patterns of psychiatric distress during 10 years following the nuclear accident at Three Mile Island', Social Psychiatry and Psychiatric Epidemiology, vol.28, no.2, 1993, pp.49-54.

子どもを守り、育てるのは女性だけの役割ではありません。しかし、現代の社会が女性に押し付けているその「役割」から、放射線被害にたいする心理的ストレスが男性よりも大きいという事実を直視する必要があります。

■被曝後のハラスメント

報告「ジェンダー・インパクト」はまた、チェルノブイリ事故では、汚染地域からの避難や他の地域への定住にともなう女性のストレスが大きかったことを指摘しています。避難した母親を一一年後に調査したところ、比較対象とされた他の母親たちよりも健康状態が悪化していたそうです。＊

＊ 「チェルノブイリ事故から一一年後の女性の身体症状：有病率と危険因子」。E. J. Bromet et al,

'Somatic Symptoms in Women 11 Years after the Chornobyl Accident: Prevalence and Risk Factors', Environmental Health Perspectives, vol.110 no.4, 2002, pp.625-629.

また、国連人権委員会に提出された報告*では、マーシャル諸島でのアメリカの核実験で、放射性降下物を体に受けた女性は避難中、男性親族の前で裸にされて検査をされたり、ホースで水をかけられて「除染」されたりしたこと、さらには、アメリカ人男性職員によって陰毛検査をされるなど、羞恥《しゅうち》と苦痛にまみれた体験を語っています。

＊「有害物質と廃棄物の環境的に適切な管理とその廃棄における人権への影響についての国連特別報告者の報告」。"Report of the United Nations Special Rapporteur on the implications for human rights of the environmentally sound management and disposal of hazardous substances and wastes", Calin Georgescu, document A/HRC/21/48/Add.1,2012, paragraph 32.

こうした女性への屈辱的な仕打ちは、広島と長崎の被爆者も、原爆傷害調査委員会（ＡＢＣＣ）によって体験させられていました。ＡＢＣＣは一九四六年、核兵器政策をおしすすめるために、当時の米トルーマン政権によって広島と長崎に設置されたものです。核兵器使用による人体への影響を研究するためのものであり、被爆者は治療もされず、モルモット同然に扱われました。当時の映像には、女性が半裸で、傷跡をさらすことを強要される場面などが残されていますが、人権蹂躙《じゅうりん》以外のなにものでもありません。

当時の体験談の中には、人さらいのようにして女児を検査した話もあります。「娘が小学五年の時、診察させてほしいとの申し出が（ABCCから）二、三回あった。昼間、私のいない時に家に来たが、妻が断った。すると、学校帰りを待ち伏せされ、車に乗せられて連れていかれた」[*]。彼女にとっては決して忘れられない、恐るべき体験だったことでしょう。

＊「二〇〇一被爆者の伝言　金崎是さん」（中国新聞二〇一〇年一二月七日付）。

■結婚と妊娠への差別と偏見

次に指摘されているのは、被爆した女性にたいする「社会的スティグマ（汚点）」と差別です。広島と長崎の被爆者は、「病気がうつる」などと根拠のない噂で、差別されてきました。多くの女性は、恋愛や結婚にうしろめたさを感じ、結婚しても、子どもができないと「被爆者だから」と言われ、妊娠したら「障害のある子を産むな」と言われました。あるドキュメンタリー番組[*1]は、広島で被爆した平井園子さんの言葉を紹介しています。「みんな結婚できなかったり、心中したり、自殺したり、ものすごかったんですよ。みなさんそういう話なかなかおっしゃらないけど、ほんとにたくさんの人がそうやって死んでいったんです」。原爆被害は、現在の私たちが想像する以上の苦しみを女性とその家族に強いたのです。マーシャル諸島での核実験でも、女性は結婚と妊娠をめぐって、強い偏見と差別にさらされたことが報告されています[*2]。

＊1　「ピカがうつる　女性被爆者と空白の10年」（広島テレビ放送「NNNドキュメント'07」二〇〇

七年九月二四日放映)。

＊2 「核兵器実験、放射性降下物、マーシャル諸島の環境、健康、人権への壊滅的な影響」。B. R. Johnston, 'Nuclear weapons tests, fallout, and the devastating impact on Marshall Islands environment, health and human rights' in B. Fihn (ed.) Unspeakable suffering, Reaching Critical Will, 2013, pp.88-93, p.91.

■その他の文化的・社会的影響

放射線被害が、食文化を通じて、男女にことなる影響を与える、とする研究もあります。チェルノブイリ事故で深刻な汚染をうけたブリャンスク州を調査したIAEA(国際原子力機関)の報告[＊1]によれば、男性は女性よりも、野生のキノコやイチゴ、湖沼の魚を食する習慣があったため、それが内部被曝を助長したとされています。一方、国連総会・人権委員会に提出された文書[＊2]によると、マーシャル諸島では、放射性物質が蓄積される魚の内臓や骨を、女性が男性よりも食べる風習があったため、その影響が大きかったと指摘しています。

＊1 「チェルノブイリ事故の環境への影響とその修復——二〇年の経験」。International Atomic Energy Agency (IAEA), Environmental Consequences of the Chernobyl Accident and their Remediation-Twenty Years of Experience: Report of the Chernobyl Forum Expert Group on

Environment, IAEA, 2006, p.115.

＊2 「有害物質と廃棄物の環境的に適切な管理とその廃棄における人権への影響についての国連特別報告者の報告」。"Report of the Special Rapporteur on the implications for human rights of the environmentally sound management and disposal of hazardous substances and wastes". (A/HRC/21/48/Add.1, paragraph 29, 3 September 2012).

報告「ジェンダー・インパクト」は、放射線による胎児への影響を懸念して、妊娠をさける傾向が増大することも明らかにしています。これは、広島・長崎の被爆者の場合にもみられたことですが、チェルノブイリ事故後にも顕著にあらわれました。＊ その場合、女性は子が産めないことへのコンプレックスを持ちました。一方、男性は、自らに問題があることが明らかにされるかもしれない遺伝子検査を拒む傾向がありました。これらが夫婦関係や家族に複雑な心理的影響を与えたのです。

＊ 「チェルノブイリ大惨事によって引き起こされた家庭的障害への心理的支援」。S. Krysenko, 'Psychological support in family disorders caused by Chernobyl catastrophe,' Proceedings of the 2nd International Conference on Long-term Health Consequences of the Chernobyl Disaster, World Health Organization and Association of Chernobyl Physicians, 1998, p.467.

以上の分析にたって「ジェンダー・インパクト」報告は最後にこうまとめています。「ジェンダー観点を使うことによって、核兵器の人道的結末についての洞察を深めることが出来る。まず生物学的差異がある。つまり、女性は男性よりも電離放射線にたいして脆弱《ぜいじゃく》だということだ。多くの社会的、文化的なジェンダー差異もみられる。それらは避難や移住の際の心理的影響、ストレス、羞恥とも関連している。例えば、社会的汚名と差別の性格や相対的な強度とも関連している。（中略）これらのジェンダー的な影響や意味はこれまで、包括的な研究の主題となってこなかった。にもかかわらず、現在ある情報は、適切な人道的対応の課題――したがって、居住地域で核兵器が再び使用されることを防ぐことの重要性を強調している」。

放射線の人体への影響については、広島と長崎への原爆投下以降、長年にわたる調査と研究がおこなわれてきていますが、未解明の部分も多く、断定することが難しい問題も少なくありません。それだけに私たちも、慎重でなければなりませんが、これまで紹介してきた内容からだけでも、核兵器の「不均衡な影響」はたしかに存在するといっていいでしょう。

3　核軍縮における女性の参加

二〇一五年の第七〇回国連総会にむけて、ＵＮＩＤＩＲとＩＬＰＩは、核軍縮プロセスにおけるジェンダー不平等、男性に比べた女性参加の圧倒的少なさに焦点をあてた新たな報告「ジェンダー・開発・核兵器」を発表します。

■核軍縮交渉におけるジェンダー不均衡

そこではまず、核軍縮交渉で、各国の代表団構成が男性に偏りすぎていることが指摘されています。対象とされたのは、一九八〇年から二〇一五年までの三五年間におこなわれた、三五の会議です。国連総会・第一委員会などについてはすでに見たので（一九二ページ）、ここでは、核軍縮にしぼって、ＮＰＴ再検討会議に焦点をあてたいと思います。

例えば二〇一五年のＮＰＴ再検討会議の場合、一二二六人の外交官が登録されていますが、そのうち男性が九〇一人で、七三・五パーセントをしめ、女性は三二五人で二六・五パーセントにとどまりました。ちなみにこの年の国連総会・第一委員会では、登録された六九三人の外交官のうち、七〇・三パーセントが男性、女性は二九・七パーセントでした（グラフ２）。二〇一九年のＮＰＴ再検討会議・準備委員会では、女性は三三パーセントでした。二〇一五年のＮＰＴ再検討会議で、女性の団長は二〇・五パーセントにとどまっています。

問題は、このような不均衡がなぜ克服されなければならないのか、ということです。

第一に強調されなければならないのは、女性は核軍縮交渉に参加する、全面的で平等な権利をもっている、ということです。外交官は、その国の意思を代表して、交渉するわけですから、民主主義的な女性の権利として女性の参加が保障されなければなりません。

グラフ２　安全保障関連会議におけるジェンダーバランス

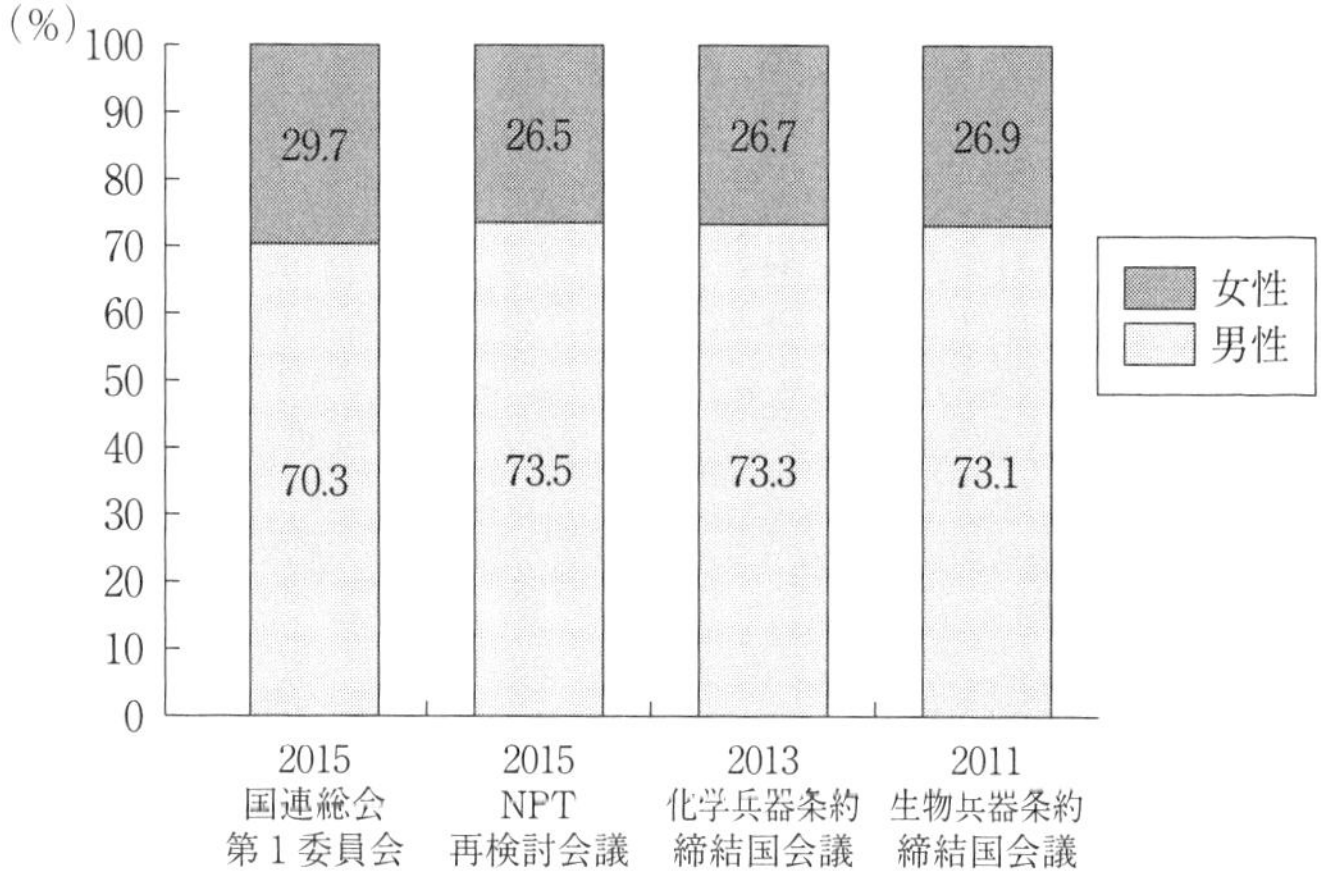

出典　“Gender, Development and Nuclear Wepons” (UNIDIR/ILPI, 2016)

第二は、そうした政治的、道義的な必要性だけではなく、実際に核軍縮を前進させるうえで、女性の参加が欠かせないということです。

前述のように、核兵器爆発は女性に「不均衡な影響」をもたらします。この問題を議論のテーブルにのせてこそ、核兵器がもたらす非人道的な結果を、より包括的に、深く認識することができます。もし、この問題が無視されるならば、核兵器が人類にもたらす影響を部分的にしか認識できず、過小評価することになってしまうでしょう。この点で、報告「ジェンダー・開発・核兵器」の次の指摘は重要です。

「（女性の参加によって）個々の視点が多様になるため、集団による予測と問題解決がより効果的になる。したがって、核兵器を扱う多国間フォーラム、特に上級レベルでの女性代表が少なすぎることは、核軍縮などの集団的課題にたいする様々な視点を阻害する可能性がある」。

グラフ３　2016年オープンエンド作業部会での発言者の男女比

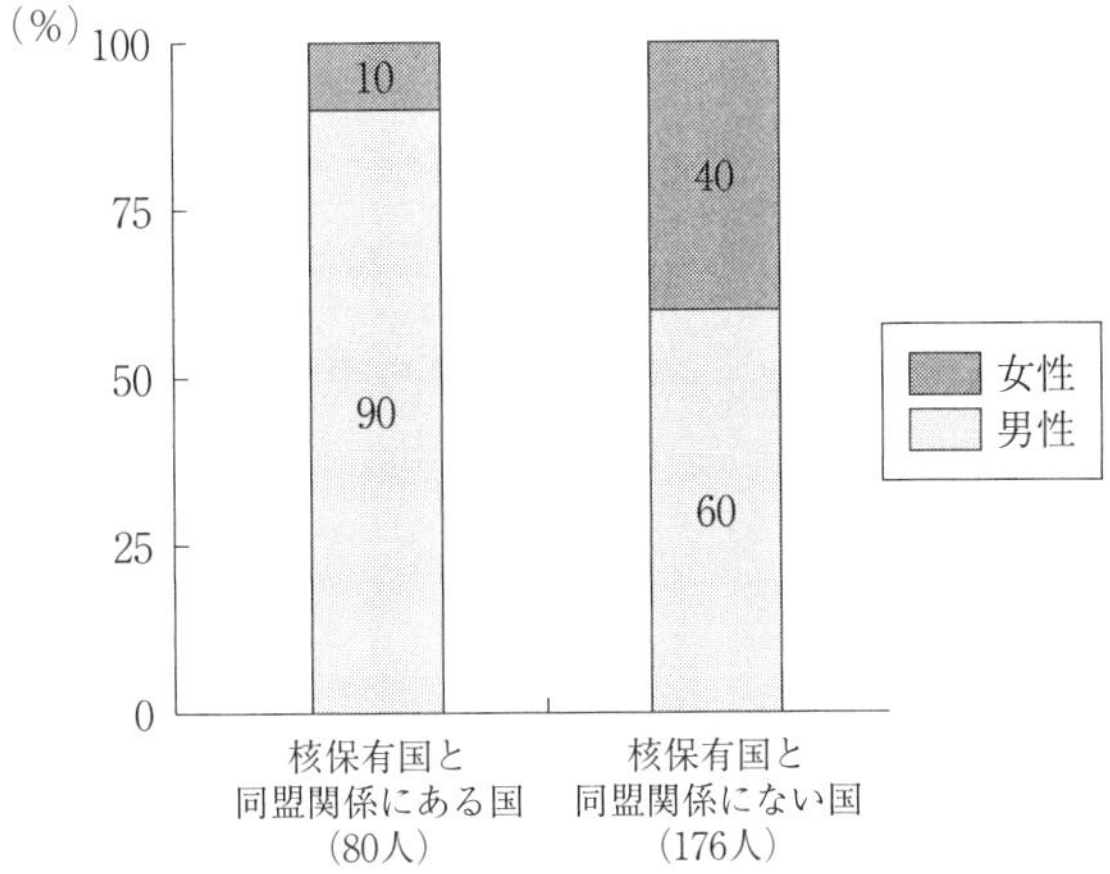

出典　グラフ２と同じ

二〇一六年のオープンエンド作業部会（ＯＥＷＧ）では、核保有国と同盟関係にある国の女性発言者の割合は、そうした同盟に属さない国よりもはるかに低かったという事実がありました（グラフ３）。前者は「核抑止力」を肯定する立場から、段階論を主張する傾向がありましたが、後者は核兵器の法的禁止を支持する発言が圧倒的に多かったのです。後者の多くは、その根拠として核兵器の非人道性を強調し、核兵器よりも開発に予算を使うべきだと主張しました。もちろん、これらは発言者が女性であったから、というよりも、その国の立場に基づくものです。ただ、そうした立場を表明した国の代表団の構成の方が、核保有国やその同盟国よりもジェンダーバランスがとれていたということは事実です。ジェンダーバランスに配慮するその国の政治姿勢と、核兵器問題での政策的立場に、一定の関連を見ることができるといっていいでしょう。

4　禁止条約の交渉会議で

ジェンダー観点を重視すべきとの声の広がりは、核兵器禁止条約の交渉にも大きな影響を与えました。

先にも述べたように、二〇一五年のNPT再検討会議では最終文書を採択することはできませんでしたが、その案文にはじめて、軍縮プロセスにジェンダーの多様性を反映することと、核兵器のジェンダーによる影響が明記されたのです。これは、核軍縮におけるジェンダー観点の主流化という点で、重要な前進でした。

最終文書の案文は、「核実験から生じる健康と環境への影響の残留と子どもと女性の健康への不均衡な影響を念頭に置く」と述べていました。これは、女性と子どもたちの体に対する電離放射線の特定の影響が議論となった、核兵器の人道的影響に関するウィーン会議の成果を反映したものでした。ただ、「核実験から生じる」とあるように、この文言は、核兵器の影響全般について述べたものではありませんでしたので、認識のさらなる発展が必要でした。

なお、この女性への「不均衡な影響」を最終文書に明記すべきだと主張したのは、コスタリカでした。また、アイルランドとコスタリカの両国は、教育を含む核軍縮のあらゆる側面に女性が参加することの重要性も強調しました。

また、最終文書ではありませんが、再検討会議の主委員会1（核軍縮）の報告案（二〇一五年五月二一日）では、「会議は、核不拡散、核軍縮および核エネルギーの平和的利用の過程において、女性と男性双方の平等で、完全かつ効果的な参加を促進することの重要性を強調する」（パラグラフ一〇）ことも明記されていました。

核兵器禁止条約の国連会議（二〇一七年）では、条約の前文をめぐる議論で、バングラデシュ、アイルランド、ジャマイカ、そしてスウェーデンがジェンダー観点と核兵器の女性にたいする「不均衡」な影響を明記すべきだと主張しました。そして、条約の第一次案では、前文の第二段落に次の文言が入ることになりました。

「核兵器の破滅的な結果が国境を越え、人類の生存や環境、社会経済的発展、世界経済、食料安全保障、将来世代の健康に重大な影響を与えること、電離放射線が妊婦の健康と少女へ不均衡な影響をあたえることを認識し」。

リヒテンシュタインは、核兵器の影響はより広範なものなので、このパラグラフは、妊婦と少女ではなく、「女性と少女」とするべきだと述べました。これまでの研究でも、核兵器爆発の影響は妊婦に限ったものではなく、女性全体に対する「不均衡な影響」を問題にしてきたので、これは当然の意見でした。

結果として、国連会議のホワイト議長は、第一次案のこの部分の「妊婦の健康と少女」を「女性と少女の健康」に修正することを提案しました。これには、ブラジル、リヒテンシュタイン、インドネシア、モザンビーク、メキシコをはじめ多くの国が支持を表明しました。あわせて、電離放射線の影響だけに限定せず、先にも紹介したように、女性に対するより広範な心身的影響、社会的影響についても言及すべきである、との意見も出されました。

交渉や政策策定のプロセスへの女性の参加拡大も盛り込まれるべきだ、とする意見もありました。これは第一次案では言及されていなかった点でした。アイルランドは、女性と男性の軍縮への平等な参加を促進する必要性を前文に明記することを提案しました。オーストリアも、核軍縮への女性の参加を促進するために、ジェンダー問題への言及をさらに拡大することを支持しました。ナイジェリアとメキシコも、こうした提案に賛意を表明しました。

こうした議論をふまえて、前文の第二次案では、「男女の平等で完全かつ効果的な継続参加が、持続可能な平和と安全の促進と達成に不可欠な要素である」ことを認識し、「核軍縮における女性の効果的な参加を支援および強化する」ことを表明した新しいパラグラフが設けられたのです。

採択された条約は、「**核兵器の破滅的な結果は**（中略）**電離放射線がもたらす結果を含め、女性と少女に不均衡な影響をあたえることを認識**」するとしました。影響は電離放射線だけに限定されなくなりました。また、女性の参加については、「**女性および男性の双方による、平等で十分かつ効果的な参加が、持続可能な平和と安全の促進と達成のための不可欠な要素であることを認識し、**

女性の核軍縮への効果的な参加を支援し強化することを約束し」たのです。

核兵器に関わる条約で、こうしたジェンダー観点の規定がもりこまれたのは初めてでした。核軍縮の分野でも、ようやくジェンダー主流化がはじまったといえるでしょう。

なお、禁止条約が採択された瞬間の議長団席は、女性が多数をしめていました。安全保障関係の会議ではめずらしいことです。ホワイト議長、中満上級代表、そして書記局（事務局）をつとめていた軍縮部の女性がみな、白いスーツを着て、胸には日本原水爆被害者団体協議会（被団協）のバッジをつけて登壇していたのが、大変印象的でした。

■禁止条約採択後の変化――国連決議

核兵器禁止条約が採択されて以後、国連での軍縮議論にも変化が生まれています。禁止条約が、ジェンダー主流化をおしすすめる力となっているのです。

その一つは、ジェンダー観点からの言及がある国連総会決議が増えていることです。その比率は、二〇一五年と比べると、二〇一九年は二倍以上になっています（表5）。

オープンエンドの作業部会が設置されて、禁止条約への動きが表立ってあらわれた二〇一六年には、決議「核兵器のない世界のための倫理的義務」（A/RES/74/47）が、「核兵器爆発が女性に与える影響と、核兵器に関する議論、決定、行動への女性の参加の重要性に、より大きな注意を払わな

表5　国連総会・第一委員会決議のジェンダーへの言及

年	ジェンダーに言及した決議の比率（％）
2019	28
2018	25
2017	15
2016	13
2015	12

出典　“Reaching Critical Will” の集計より

ければならない」と強調していました。また、決議「国連アフリカ地域平和軍縮センター」（74/71）と決議「国連ラテンアメリカ・カリブ海地域平和軍縮開発センター」（74/72）も、軍縮における女性の役割への評価と参加促進を訴える内容を含んでいました。

より大きな変化は、禁止条約が採択された翌年二〇一八年に訪れます。第一委員会ではこれまでになく多くの国が、軍縮におけるジェンダーの視点と男女の平等な参加の必要性について、発言しました。そして、委員会が採択した六九の決議のうち一七がこの問題に言及したのです。

二〇一九年にはこの流れは、様々な分野にひろがりました。その一つが、生物兵器禁止条約についての決議です。*1 同じテーマの決議はこれまでも、採択されてきましたが、二〇一九年に「（生物兵器禁止）条約の枠組みへの男女の平等な参加」を奨励することがはじめて明記されました。また、対人地雷禁止条約の実行に関する決議*2では、この兵器が女性や少女を殺したり傷つけたりすることに終止符を打つ決意を再確認し、地雷対策にジェンダーの視点を含めるよう求めています。クラスター弾に関する決議*3では、この兵器の性別による影響、とくに女性に対する被害を指摘したうえで、「クラスター弾の犠牲者への適切な、ジェンダーおよび年齢に配慮した支援」を強く求めました。

＊1　「細菌兵器（生物兵器）及び毒素兵器の開発、生産及び貯蔵の禁止並びに廃棄に関する条約」（A/RES/74/79）。
＊2　「対人地雷の使用、貯蔵、生産及び移譲の禁止並びに廃棄に関する条約の実施」（A/RES/74/61）。
＊3　「クラスター弾に関する条約の実施」（A/RES/74/62）。

二〇一九年の総会では「若者、軍縮、不拡散」と題する新たな決議が採択されたことが注目されます。この決議は国際社会、国連が、若い世代が軍縮プロセスに参加することの意義を強調しています。この間、国連は、気候変動問題をはじめ、世界中の若い世代――Z世代[＊1]と呼ばれる一〇代の行動力、発信力[＊2]に強い関心をよせてきました。そして、この決議も、「男性と女性の完全かつ効果的な参加が持続可能な平和と安全にとって不可欠であることを想起」しています。一〇代をはじめとする若い世代は、ジェンダー平等を、それ以前の世代と比べても、より自然に受け止めています。彼ら、彼女らが今後も積極的な役割を果たすことが期待されています。

＊1　Z世代は、Y世代につづく年齢層で、生まれたときからインターネットが生活の中にあり、スマートフォンなどのデジタル端末を日常的に使いこなしている世代です。デジタル・ネイティブとかソシアル・ネイティブなどともいわれます。一九九〇年代中ごろから二〇〇〇年代はじめ以降に生まれた世代をさします。アメリカでは一九六〇年～一九七四年生まれをX世代、一九八〇年

代はじめから一九九〇年代中ごろ（または二〇〇〇年代はじめ）生まれをミレニアル世代（Y世代）と区分して研究や評論がおこなわれてきました。ミレニアル世代は、幼少期から青年期にかけてIT革命を経験した世代です。

＊2 二〇一九年の国連総会前に、アメリカの大手広告会社エデルマン（Edelman）が実施した調査（九月二三日）では、ミレニアル世代とZ世代が、気候変動（一位、三三パーセント）、貧困（二位、二八パーセント）、飢餓（三位、二八パーセント）など、世界的な課題に関心をもち、行動の用意があることを示しています。同時に、これらの問題に対処するうえで国連の役割に最も期待し（三一パーセント）、その後に政府（二四パーセント）、市民社会（一三パーセント）、NGO（一〇パーセント）、ビジネス界（七パーセント）が続きます。国連への好感度は八〇パーセントに達し、八四パーセントが若い世代をもっと激励してほしいと回答しています。

■第一委員会の議論

こうした国連決議をめぐって、総会ではどのような議論がおこなわれたのでしょうか。この文章を書いている時点で直近となる二〇一九年の総会・第一委員会の様子をみてみましょう。

総会の議長をつとめたティジャニ・ムハンマド＝バンデ氏（ナイジェリア国連大使）は開会初日の演説で、次のように述べました（二〇一九年一〇月七日）。

「我々は紛争中とその後における女性への（男性と）異なるインパクトを知らなければならない」

「私が包括性（筆者注：女性の参加）をこのセッションの優先課題にしたのは、そうすることが正しいというだけでなく、人口の半分を排除しては、いかなる目標も達成できないからである」「女性の全面的で平等な参加とリーダーシップを保障することを、みなさんがたに訴える。すべての平和と安全保障の努力はジェンダー観点のもとでおこなわなければならない」。

ムハンマド＝バンデ氏の出身国であるナイジェリアは、ジェンダー・ギャップ指数（二〇二〇年）で世界一二八位とかなり低い位置にあります（日本は一二一位）。しかし、国際的なジェンダー平等の大きな流れに身を置き、それを実感している外交官だからこそ、こうした見識ある演説をおこなったのだと思います。

議長につづいて発言にたった中満泉・国連軍縮問題上級代表は、さらにふみこんで、こう述べました（一〇月七日）。

「（ジェンダー平等にむけて）いくつかの進展はあったものの、女性と女性リーダーの代表が軍縮の討論と決定の場に不足している。このことは、実行力のある解決策に達するうえで引き続き大きな障害となっている。これが、すべての加盟国に対して、政府専門家グループやその他の機関に誰かを推薦する場合に、ジェンダーバランスを確保するよう要請した一つの理由である」「第一委員会でジェンダー問題が取り上げられることが増えていることに励まされている。しかし、兵器が及ぼす影響にジェンダーによる大きな差があることに注意を喚起し、それに取り組み、そして軍縮の分野への女性の平等で全面的な参加を促進するために、われわれ全員がやれること、やらねばならないことはまだまだある、と強く信じている」

こうした提起に、各国も積極的に応えました。討論のポイントを以下にまとめておきます。

ジェンダー・インパクトについて——武力と紛争の性差による、「不均衡な影響」をジェンダー・インパクトといいますが、この問題については、多くの発言がありました。

新アジェンダ連合を代表して発言したエジプトは、「ジェンダー・インパクトを含めた、核兵器爆発の増大する危険と破滅的な人道的結末について知識が増大するもとで、（核兵器廃絶へ行動する）緊急性は高まっている」と訴え（一〇月七日）、「ジェンダー・インパクトを含む、核兵器の使用による人道的結末についての深い懸念」をあらためて表明しました（一〇月二一日）。アイルランドも、核兵器の爆発によって引き起こされる「電離放射線の女性と少女の健康への」不均衡な影響について強調しています（一〇月二二日）。

ポルトガルは、ジェンダーの観点を取り入れて「軍縮機構を再活性化させる」ことを希望すると表明しました。ボツワナは「武器の開発、使用、貿易によって女性はしばしば、（男性とは）不均衡な、あるいは異なる被害に苦しんでいる」と述べ、チリは、小型武器・軽火器（ＳＡＬＷ）が、ジェンダーに基づく暴力（ＧＢＶ）を悪化させていることを指摘しました。

カリブ海共同体（ＣＡＲＩＣＯＭ）の代表とバハマは、女性は武力紛争や暴力的な状況によって不釣り合いな影響を受けることが多いと述べ、通常兵器のジェンダー・インパクトに注意を喚起しました。オーストラリアは、通常兵器が「性別や障害の問題と暴力的に」かかわっていると指摘し、「軍備管理政策はすべて、ジェンダーや年齢差に注意深く、障害者に包括的であるべきだ」としました。アイルランドは、人口密集地域の爆発性兵器（ＥＷＩＰＡ）に関する共同声明で、ＥＷＩＰＡの潜在的なジェンダー影響に関するさらなる研究をすすめるべきだと述べています（以上一〇月二四日）。

他にもカナダ、ナミビア、スロベニア、ボツワナ、イタリア、サモア、ポルトガル、フィリピンが、ジェンダー・インパクトの重要性にふれています。

軍縮プロセスへの女性の参加について——アイスランドは、「二〇二〇年に二〇周年をむかえるこの重要な決議、安保理決議一三二五に基づいて、女性の積極的で、平等な役割を保障する具体的な措置を講じる必要がある」（一〇月一四日）と述べました。欧州連合の代表も、ＮＰＴ再検討プロセスにおいて、「学者と市民社会のさらなる関与を奨励し、女性の積極的かつ平等なパートナーシップとリーダーシップが（このプロセスの）さらなる進歩を達成するために重要であることを強調する」（一〇月一一日）と述べ、ＮＰＴ再検討会議での女性の役割の大きさを強調しました。

ノルウェーは「すべての軍備管理努力にジェンダーの観点を含めることの重要性を強調したい」と述べ（一〇月八日）、ネパールは、「人々の意識を高め各国政府へ軍縮を働きかける女性、若者、市民社会、民間セクターの関与を支持する」と強調しました（一〇月一六日）。オーストラリアも「我々は、国際的な安全保障の討論への、女性と男性の双方の全面的で効果的な参加を擁護する」と発言しました。ボツワナ、アイスランド、イタリアは女性の全面的なエンパワーメントへの誓約を表明し、イギリス、ポルトガル、ナミビア、カナダ、アイスランドは意思決定過程への、実質的で、全面的で平等な女性の参加を訴えました。

核軍縮検証に関する政府専門家会合*のクント・ランゲランド議長は、その活動報告のなかで女性の専門家を指定したのは二五カ国中三カ国のみであることを指摘し、「よりよい（ジェンダー）バランスを望む」と表明しました（一〇月一八日）。一方、国連通常兵器登録局の政府専門家会合の議長は、一六人の専門家のうち、八人が女性であり、初めて女性が議長となったことを報告しました。

＊　核兵器の削減・撤廃に際しての検証のための原則や方法、技術的問題を議論、探究することを目的にした国連の機関です。第七一回（二〇一六年）国連総会で採択された決議「核軍縮検証」で設置が決められました。地理的バランスを考慮にいれて選出され、核五大国とインド、パキスタンを含む二五カ国によって構成されています。

ジェンダー観点の主流化――カリブ海共同体（CARICOM）は、「女性は軍縮プロセスに特別な貢献をしている」と述べ、「ジェンダー側面を、通常兵器を含む軍縮プロセスの主流とすることに、ますます注目が集まっている」ことを歓迎しました。リトアニアとタイも、軍縮におけるジェンダー観点の主流化を支持しました。フィリピンは、核軍縮の分野では、ジェンダー観点を含む様々な視点を保障することが重要だと述べました。

対人地雷問題でノルウェーは、対策のすべての側面にジェンダー観点を入れるよう求め、ポーランドは、ジェンダー観点で、子どもたちに地雷問題についての教育をおこなうことの重要性を指摘しました。北欧諸国グループの代表は、軍縮および軍備管理プロセスにおけるジェンダー平等の推進を求めるとともに、女性の完全かつ平等な参加の利点は「非常に明確である」と述べました。

＊　＊　＊

核兵器禁止条約にジェンダー観点が盛り込まれたことは、核兵器廃絶の取り組みに新たな視点と展望をもたらしました。それは、平和と軍縮の全体に影響をおよぼしつつあります。この禁止条約も力に、平和と軍縮の分野でのジェンダー主流化をさらに促進していくことが求められます。いうまでもなくそれは政府だけの仕事ではありません。女性やマイノリティーの運動を含め市民社会全体が、その重要性を理論的に深くつかみ、それを政策化していく力をつけていくことが必要です。さらに、草の根の活動から国際的な共同行動まで、あらゆるレベルの行動と、その意思決定のプロセスに、ジェンダーと多様性の観点をつらぬいていくことが求められます。そうしてこそ、市民の運動も、さらに訴える力のある、より多くの人々が参加する、魅力あるものとなるに違いありません。

第7章　「核抑止力」論と軍事同盟

核兵器禁止条約国連会議を日本政府はボイコットした。日本の席には「あなたがここにいてくれたら」と書かれた折り鶴が置かれていた（2020年3月28日、ニューヨークの国連本部、しんぶん赤旗提供）

核保有国やその同盟国は、自国の核兵器は「自衛のための抑止力だ」と主張します。核兵器をちらつかせて相手を脅し、攻撃や侵略を思いとどまらせるという「核抑止力」論は、核兵器を合理化する最大の「口実」です。この問題は核兵器禁止条約の交渉でも、議論の焦点となった問題でした。

1 「核抑止力」が危険を高める

日本語で「抑止力」と訳される英語の“deterrence”は、恐怖心をかきたてる、つまり脅すという意味のラテン語の“terrere”から来ています。中国語では「威嚇力量」と訳されていますが、こちらの方が日本語より、意味を正確に表していると思います。つまり、「核抑止力」とは、核戦力で相手を威嚇《いかく》することです。それが「張り子のトラ」では脅しになりません。いざというときには、相手の国に、核攻撃をおこない、ヒロシマ・ナガサキを再現させる――その構えと能力が必要です。つまり「核抑止力」論の本質は、核兵器の使用政策にほかならないのです。

そもそも、いかなる兵器であれ、武力で他国を威嚇することは、国連憲章で禁じられている行為です。ですから核兵器「使用の威嚇」を禁じた核兵器禁止条約は、「国連憲章にのっとり（中略）武力の威嚇または行使を控えなければならない」と述べているのです（前文）。

■「キューバ危機」――一九六二年

「核抑止力」論は、アメリカとソ連の対立時代に生まれたものです。相手を核兵器で確実に破壊できるようにしておけば、「報復」を恐れて攻撃してこないだろうという発想です。しかし歴史は、それがいかに重大な危険をまねいてきたかを示しています。その一つが一九六二年一〇月の「キューバ危機」です。

当時、アメリカのケネディ政権は、目と鼻の先のキューバで、「社会主義」をかかげたカストロ政権が誕生したことに危機感をもちます。一九六一年には武力で打倒することまで試みました（ピッグス湾侵攻事件）。これは失敗におわりますが、危険を感じたカストロ政権は、ソ連に軍事援助を要請し、ソ連は、キューバに核ミサイルを配備するのです。ソ連側はアメリカにたいして、「核抑止力」が効くと考えたのです。当時のアンドレイ・グロムイコソ連外相は、次のように語っています。「（もはや）米国はキューバ侵攻を準備していないと考えてよい。米国政府はキューバ支援のソ連の行動の勇敢さにびっくりしてしまっている」（ソ連共産党中央委員会幹部会に送った電報。朝日新聞一九九二年六月二六日付）。

ところがアメリカの反応は、ソ連の予想とは違いました。ケネディ政権は、キューバのミサイルに「抑止」されるどころか、それをアメリカへの「脅威」とみなし、攻撃、破壊することを検討しはじめました。そして、ソ連との全面戦争を想定した「準戦時体制」まで発令したのです。核弾道ミサイルがいつでも発射できる状態におかれ、日本やトルコ、イギリスの米軍基地も臨戦態勢に入りました。これにたいし、ソ連も国内やキューバのミサイルをアメリカ本土に照準をあわせ、一気に緊張が高まりました。キューバに派遣されていたソ連軍司令官には、核兵器を使用する権限が与えられ、あとは現地の判断にまかされるという、核戦争直前の状況にまでいきました。

後日、これを知ったマクナマラ元米国防長官は「(そのまま事態が推移すれば)最後には〝核の壊滅〟にまで発展するのは確かだった」と語っています。* ただ、様々な偶然も幸いして、ソ連のフルシチョフ首相はミサイルの撤去を発表します。ケネディ大統領もキューバへ武力侵攻しないことを約束し、全面核戦争は回避されました。

＊ 八木勇『キューバ核ミサイル危機 1962』一九九五年、新日本出版社、三九〇ページ。

「核抑止力」とは、攻撃のメリットと反撃のデメリットを、相手が合理的に「計算」する、ということを前提にしたものです。しかし、「キューバ危機」が示すように、相手は、こちらの思うように考えるとは限りません。予測不能な反応が起こることもあり得ます。むしろ、その方が多いかもしれません。

イギリスの海軍司令官をつとめたロバート・グリーン氏は、空母から飛び立つ攻撃機で、ソ連に核爆弾を投下する訓練を受けた体験をもっています。彼は、当時をふり返りながら、「核の傘」をホネだけのぼろ傘にたとえて、雨（攻撃）をしのげないどころか、避雷針のように雷（核戦争）を呼び込む危険きわまりないものだと述べています。＊ 核戦略の最前線にいた人物の実感のこもったたとえです。

＊ ロバート・グリーン著、大石幹夫訳『核抑止なき安全保障へ——核戦略に関わった英国海軍将校の証言』二〇一〇年、かもがわ出版。

■「早撃ち勝負」の危険

「キューバ危機」は、「核抑止力」の危険をまざまざと示しました。しかし、米ソはこの教訓に学ぶことなく、一九七〇年代から一九八〇年代にかけて、核軍拡競争を激化させていきました。地球を何度も破壊できるほどの核兵器を製造、蓄積していったのは、攻撃をうけても、「生き残った」核兵器で相手国を破滅できるようにするためでした。そうすることで、相手が核攻撃することをためらうと考えたのです。「死なばもろとも」ともいえるこの戦略は、相互確証破壊（Mutual Assured Destruction）、頭文字をとってMADといわれました。文字通りMad＝狂った考えでした。とくに重視されたのは、相手のミサイル発射を察知したら、瞬時にこちらのミサイルを発射し、敵ミサイルが到達する前に、反撃できるようにすることでした。いわば、西部劇の「早撃ち勝負」です。こうなると、もはや抑止ではなく、「早撃ち」を競い合うことになります。

例えば一九八三年には二回、ソ連が誤ってアメリカを核攻撃する寸前までいく事件がありました。九月二六日、ソ連のコンピュータシステムは、アメリカから弾道ミサイル五発が発射されたと警告しました。本来なら、即反撃の状況でしたが、当直の将校は、これは誤作動にちがいないと判断して反撃をおこなわず、核戦争はすんでのところで回避されるという事件がありました。*

＊　この事件は、ソ連防空軍ミサイル防衛部隊の元司令官ユーリー・ヴォーチンツェフ（Yuriy Votintsev）大将の回顧録（一九九八年）で初めて明らかにされました。なお、当直の将校は、スタニスラフ・ペトロフ（Stanislav Petrov）防空軍中佐でした。

同じ年の一一月七日、北大西洋条約機構（ＮＡＴＯ）は、米軍による核攻撃訓練を含む図上演習「エイブル・アーチャー（Able Archer）83」を開始しました。ソ連側は、これをリアルな戦争の準備だと誤解し、核反撃態勢をとり、東ドイツとポーランドの空軍を警戒態勢（核攻撃の準備）におく事態になりました。四日後には演習が終了し、ことなきを得ましたが、この事件は「キューバ危機」以来、米ソが最も核戦争に近づいた瞬間だったといわれています。

この「早撃ち」態勢は、ソ連が崩壊した後も続いています。

一九九五年一月二五日、ノルウェーからオーロラを研究するためのロケットが発射されました。この情報は事前に、ロシアの早期警報のレーダー運用スタッフには伝えられなかったので、彼らはトライデント潜水艦から発射されたミサイルだと誤認してしまいます。この情報をうけて、ロシアのエリツィン大統領（当時）はすぐさま軍幹部と反撃の検討に入りました。幸いなことにロケットは自ら墜落して、事なきをえました。

このように「核抑止力」政策は、過剰な警戒態勢と疑心暗鬼を生み出し、核戦争のリスクを高めるものにほかならないのです。

2　アメリカの「核の傘」の正体

「北朝鮮のように、実際に核兵器の使用をほのめかし、多数のミサイルの発射すら行いかねない相手に対しては、通常兵器だけで抑止を効かせることは困難であり、核兵器による抑止がどうしても必要となります」「国民の生命と財産を守るためには、日米同盟の下で核兵器を有する米国の抑止力に頼る以外ないのが現実です」。

これは防衛大臣、外務大臣などをつとめてきた河野太郎・衆議院議員の「公式サイト」の一文です（二〇一七年一一月二一日）。安倍晋三政権はいっかんして、核兵器禁止条約に反対しましたが、その理由が、ここによく示されています。

「核兵器を有する米国の抑止力」とは「核の傘」と呼ばれるものです。政府の防衛方針である

「防衛計画の大綱」（二〇一八年一二月一八日）も、「（日本の防衛に）核抑止力を中心とする米国の拡大抑止が不可欠であり、我が国は、その信頼性の維持・強化のために米国と緊密に協力していく」としています。「アメリカの核兵器で守ってもらう」ことを、防衛方針の柱にすえている政府としては、禁止条約には賛成できないというわけです。

先にも述べたように「核抑止力」とは現実には、核兵器で攻撃する態勢のことです。いざとなれば使えるという「信頼性」がなければ、役に立ちません。ですから「防衛大綱」でも、アメリカの核戦力の「信頼性」を「維持・強化」するために「密接に協力」することまで明記しているのです。

■根拠のない期待の危うさ

政府は、北朝鮮や中国にたいして、アメリカの「核抑止力」＝「核の傘」は欠かせないと言います。しかし、どういう種類のどれだけの核兵器が、どのように「抑止力」としてはたらくのか、という説明を、日本政府からも、アメリカ政府からも、聞いたことがありません。

それは「核抑止力」が、「相手は怖れをなして、手を出さないはずだ」という、身勝手な想定の上につくられたものだからです。誰もそれを計算したり、実証したりすることはできないのです。

安倍晋三前首相の父である安倍晋太郎外相（当時）はかつて、こう記していました。「緊密な日米友好関係は、核の傘を含む米国の抑止力が平時から日本の安全を確保してくれているとの心理的安心感の上に成り立っている」「その背景には（中略）米国の核抑止力に対する漠然とした信頼感がある」（一九八六年二月一〇日、安倍晋太郎外相から松永信雄駐米大使への「訓令」）。

結局、「核の傘」とは日本にとっては「心理的安心感」や「漠然とした信頼感」でしかないのです。その程度のものが、頼りになるのか、という疑問がわくのは当然です。

「アメリカは本当に、核兵器を使ってまで、日本を守ってくれるのか」――この不安は、政治家よりも、自衛隊の幹部が切実に感じているようです。二〇一八年まで自衛隊制服組のトップである統合幕僚長をつとめた河野克俊氏は、「米国が核を使ってでも日本を守るようにするには、米国にとっての日本の価値を高めないといけない」（朝日新聞二〇一九年五月一七日付）と語っています。アメリカが確実に、核兵器で日本を守ってくれる保証はない、という不安がにじみでています。河野氏は、それを確実にするには、「米国が日本を守る片務性が強い今の同盟の双務性を高めるべき」（前掲）だと主張します。つまり安心、信頼できる「核の傘」を手にするために、日本がアメリカに軍事的にもっと協力できるように、「戦争する国」づくりを進めて、アメリカにとっての「日本の価値」を高めるべきだというわけです。不安にかられるこの姿は、「核の傘」依存症といってもいいかもしれません。「安心」がほしいがために、アメリカへの追随を深め、米軍基地や米製兵器に気前よく国民の血税を払いつづけているのです。

■幻想がもたらす現実の危険

たとえ「核の傘」の実態が、日本にとって「安心感」や「信頼感」といったものだったとしても、標的になる国は、現実の脅威と受けとります。「アメリカは日本のために、自分たちを核攻撃する」──こう感じた国は、軍備増強で対抗し、両国の緊張はさらに高まるでしょう。北朝鮮の核保有は正当化できませんが、それがアメリカの軍事的脅威に誘発されたものであることは否定できません。「核抑止力」で相手国が萎縮し、軍事活動を抑制するなどというのは、都合のいい思い込みでしかないのです。

わが国周辺には、北朝鮮の核問題や中国の力による現状変更など、紛争の火種が存在します。しかし、軍事力での抑止＝威嚇は、問題を悪化させるだけです。創造的、積極的な外交で、武力衝突の危険を減らしていくことが、日本の安全と国民の生活を守る現実的方法です。*「核の傘」から抜け出て、憲法九条を生かした、「安全保障」を追求すべきです。

＊詳論については拙稿「武力によらない安全保障は可能だ」（『経済』二〇一九年八月号）を参照。

日本政府は、北朝鮮や中国の「脅威」をしばしば口にしますが、その分析は、もっぱらどんな兵器を開発したか、どんな軍事演習をおこなっているか、といった「ハード」の面に偏っています。しかし、「脅威」とは、攻撃する能力とともに、その意思があって成り立つものです。ある兵器が生き物のように、自分から「脅威」になるわけではありません。外国の兵器開発を実力で止めようとすれば、武力攻撃しかありません。それは、戦争になります。一方、相手の攻撃の意図をなくす、あるいは、持たないようにすることは、外交努力で可能です。これを「弱腰」などとみるのは、真面目に国民の命と安全を考える態度ではありません。

日本政府は、核兵器禁止条約に参加すれば「北朝鮮のような相手に対して誤ったメッセージを送ることとなりかねません」*と言います。しかし、「核兵器で攻撃されるかもしれない」と思わせるのか、「自国の安全は保障される」と安心させるのか、どちらが、日本の安全にとって正しいメッセージであるかははっきりしています。

＊　河野太郎衆議院議員の公式サイトから。

3　矛盾と破綻の「被爆国」外交

日本政府は国際舞台では、「唯一の戦争被爆国」であることを強調します。しかし、実際には、アメリカ寄りだというのが、世界の外交官の「常識」です。「被爆国」という誰もが否定できない「ブランド」をふりかざしながら、核保有国の側にたった言動をすることが、核兵器廃絶への大きな障害物となっているのです。禁止条約を推進してきた、ある政府の代表は、「日本政府が最も手ごわい」と言っていました。

日本政府は一九九四年の国連総会に「核兵器の究極的廃絶に向けた核軍縮」という決議を提案し、採択されました（賛成一六二、棄権八、反対〇）。「究極的」とは、いつかわからない遠い先のことという意味です。核兵器廃絶を永遠の将来に、先送りするものです。日本政府はこれ以降、毎年、同様の決議をだすようになりますが、「究極廃絶」論は、反核運動だけでなく、非同盟諸国からも厳しく批判されました。そのため二〇〇〇年からは、「究極」の言葉を削除せざるを得なくなります。そのきっかけが二〇〇〇年のＮＰＴ再検討会議でした。核保有五大国もふくめて全員一致で採択された最終文書は、「究極的廃絶」論をのりこえて「自国核兵器の完全廃絶を達成するという全核保有国の明確な約束」を明記したのです。

この会議では非同盟諸国や、「新アジェンダ連合」が、「核兵器の全面廃絶は義務であり、優先課題であって、究極的目標ではない」という核心をついた批判をおこないました。これに同調する声が広がるなかで、アメリカは「究極的」の文言を削除することに同意せざるを得なくなったのです。このアメリカの変化に、あわてたのは日本政府です。当時、ジュネーブの軍縮大使だった登誠一郎氏は、次のように当時の心境を語っています。「国連総会で日本が提案した『究極的核廃絶決議』が採択されてきたのに、今回米国が、種々の理由があったにせよ、新アジェンダ連合の圧力に屈してこれに反する（ＮＰＴ再検討会議最終文書の）案文に合意したことは、わが国としては『二階に上がってはしごをはずされた』との感を否めず、釈然としないものが残った」（二〇〇〇年九月号『外交フォーラム』）。

日本政府はその後、一旦は「究極的廃絶」論をひっこめますが、二〇一〇年の国連総会決議で、これを復活させます。当時は、民主党政権でしたが、菅直人首相（当時）自身も、二〇一一年八月六日の広島市平和記念式典でのあいさつで、しばらく使われてこなかった「究極的な核兵器廃絶」の言葉を用い、被爆者団体や反核運動から批判をあびました。

■核兵器禁止条約で深まる矛盾

日本政府はその後も核保有国に禁止や廃絶を強く求めることのないよう注意をはらいながら、誰もが賛成できる（反対できない）「玉虫色」の決議案を提出してきました。しかし、核兵器禁止条約が成立したことで、そういうごまかしがきかなくなります。禁止条約を拒否する核保有国の立場にたつのか、支持する非核保有国の側にたつのかが、鋭く問われるようになったのです。

日本政府は、両者の「橋渡し」をすることを方針として掲げ、建設的な立場であるかのようにふるまいはじめました。しかし、実際にはアメリカをはじめ核保有国の肩をもつことに変わりはありません。その矛盾は二〇一七年の国連総会ではやくもあきらかになりました。

問題は、日本政府が「橋渡し」の実践として提案した決議でした。決議は、この年の最大のできごとである核兵器禁止条約の採択にいっさいふれていませんでした。核兵器禁止条約の「か」の字があるだけで国連決議に反対する核保有国に「忖度《そんたく》」した結果です。条約の成立という事実そのものを無視するということは、禁止条約に賛成した国々にしてみれば、条約を否定するに等しいものです。

それに加えて、これまでのNPT再検討会議の合意にしばられたくない核保有国の意向をくんで、それらを書き換えることまでおこないました。

例えば、二〇一六年までの日本提案の決議では、二〇〇〇年NPT再検討会議最終文書から「核兵器の完全廃絶を達成するという核兵器国の明確な約束を再確認」という言葉が正確に引用されていました。ところが二〇一七年の決議では、「核保有国がNPTを全面的に履行するという明確な約束」と核兵器廃絶を抜いて書き換えたのです。また、「一九九五年再検討延長会議、二〇〇〇年と二〇一〇年再検討会議の最終文書で合意された措置を実行する」という二〇一六年の決議にはあった文言が完全に削除されました。その一方で、「究極廃絶」論は明記されていました。

唯一の被爆国が、意に沿った決議案を出してくれることは、アメリカにとってはありがたいことでした。アメリカはこの決議案の共同提案国となり、ロバート・ウッド米軍縮大使（当時）も「日本の核兵器廃絶決議は現実的だ」（二〇一七年一一月二日）と称賛しました。一方、非核保有国からこうした「改竄《かいざん》」に批判が噴出しました。

非核保有国などの批判によって、日本政府は手直しを余儀なくされました。翌二〇一八年の決議では、非核保有国にも配慮して、「核兵器廃絶への明確な約束」（二〇〇〇年NPT再検討会議）を明記して、二〇一六年のレベルに戻しました。ところが今度は、アメリカがこれに反発し、棄権しました。核保有国で賛成したのはイギリスだけでした。その一方で、二〇一七年と同様に、禁止条約についてはー切ふれなかったので、条約を支持する国々からはひきつづき批判の声があがりました。この決議案は一六〇カ国の賛成で採択されました（反対四、保留二四）。しかし、核兵器禁止条約で中心的な役割を果たしてきた国と、ほとんどの核保有国が棄権や反対にまわるなど、「橋」の両端が抜けおちた格好になってしまいました。

「橋渡し」の破綻《はたん》は、その後も大きくなるばかりです。日本政府は、核保有国寄りの姿勢をいっそうあらわにしつつあります。二〇一九年の決議は、核兵器禁止条約の無視、NPT再検討会議の合意を書き換え、NPT第六条の義務への不言及など、二〇一七年に批判されて、手直しした内容を再び持ち出してきました。

採択にあたっては、決議全体に賛成した国も含めて批判が次々と出されました。「決議案に深い憂慮を表明する。これは、これまでの合意を書き換え、制限するものだ」（ブラジル）。「決議案は条約第六条で定められた根本的な誓約を歪めるものである」（ニュージーランド）。「核兵器禁止条約への言及がないことが、決議案を大志のないものとしている」（エクアドル）。

日本政府としては、二〇一八年の「教訓」をふまえて、核保有国の意に沿うものをつくったつもりでしょうが、核五大国で賛成したのはイギリスとフランスだけで、アメリカは棄権しました。

「配慮」が不十分だったようです。中国とロシアは反対でした。

核兵器禁止条約の賛成派と反対派の両者に対話をうながす姿勢をとりながら、実際には核保有国に「忖度」し、「書き換え」までおこなうというのは、まったく欺瞞《ぎまん》的です。そうしたやり方が通用しないのは当然です。日本政府が被爆国として、核兵器禁止条約を支持し、核保有国にも堂々と廃絶を迫ってこそ、国際社会の信頼をかちとることができます。

4　核兵器禁止条約と「核の傘」

NATO（北大西洋条約機構）加盟国のオランダは核保有国と軍事同盟を結ぶ国としては唯一、核兵器禁止条約の国連会議に参加しました。採択で反対票を投じた唯一の国でもあります。投票にあたってオランダでは、「核兵器のない世界」は共通の目標だが、禁止条約に反対するのは「NATOの義務と両立しないからだ」と演説しました。

NATOは「核共有」（ニュークリア・シェアリング）という政策をとっています。核計画グループ（フランス以外の全NATO加盟国が参加）で、NATOの核兵器政策を審議、決定します。非核保有国のドイツ・イタリア・ベルギー・オランダはアメリカの核兵器を保管し、必要な場合は、自国の戦闘機にそれを搭載して核攻撃するようになっています。もし禁止条約に参加して、核兵器の「貯蔵」「受領」「使用」「使用の威嚇」「援助」「配備」などの禁止を受け入れれば、「核共有」の義務を果たせない、というのがオランダの立場でした。

条約に反対のオランダが国連会議に参加したのは、それを求める市民の運動が背景にありました。議会も世論の広がりをうけて、賛否はともかく議論に参加することは必要だとの立場から、国連会議への参加を決定したのです。民主主義の観点から、オランダ政府の立場は評価されますが、「核の傘」が禁止条約参加への障害になっていることもうきぼりになりました。

■禁止条約に参加する政府を

日本は、日米安保条約によってアメリカと軍事同盟関係にあります。では日本は、安保条約を破棄するまでは、核兵器禁止条約に参加できないのでしょうか。

「拡大抑止」の「抑止力」は、「核抑止力」だけではありません。それに賛同するものではありませんが、巨大な通常兵力をもってすれば、「核抑止力」は必要ない、という議論もあります。

日米安保条約には「核抑止力」については何も書かれていません。日本は、NATOのように核兵器攻撃作戦に参加する義務はありません。またアメリカが、日本に「核抑止力」を提供する義務も、日本がそれを求める権利も記されていません。したがって、日米安保条約は、禁止条約に参加できない理由にならないはずです。

世論調査では、日米安保条約を肯定的にみている人は六八・九パーセントですが[*1]、禁止条約に参加すべきという人も六五・九パーセントに達します[*2]。つまり、多くの人は、日米安保体制を肯定していても、日本の核兵器使用も、その威嚇（抑止）も、保有も禁じるべきだという意見です。つまり、「いざというときは自衛隊や米軍を当てにしたいが、核兵器は使うな」ということです。

これは、現政権や日米安保条約の評価の違いをこえて、核兵器禁止条約に署名、批准する政府をもとめる、はば広い運動が可能であることを示しています。

＊1　外務省「外交に関する国内世論調査」二〇二〇年三月一三〜一五日調査。
＊2　ＮＨＫ「政治月例意識調査」二〇一九年一二月六〜八日調査。

日米安保条約について意見の違いがあっても一致できる――その意味では、野党共闘の重要な共通政策とすることも十分可能だと考えます。日本共産党は、「日本政府に核兵器禁止条約に署名することを強く求めます」（参院選公約より、二〇一九年六月二一日）としていますが、他の多くの野党も、禁止条約への参加を訴えています。

日本共産党は、日本が本当の独立国となり、日本とアジアの平和を確かなものとするうえで、根本的には、日米安保条約を解消し、日米友好条約を締結することが必要だと考えています。しかし、市民と野党の共闘でめざしている、野党連合政権の安全保障に関する共通課題は「集団的自衛権行使容認の閣議決定の撤回と安保法制の廃止」です。したがって、安保条約の解消はこの政権の課題ではないし、私たちの見解を持ち込むこともしません。日米安保条約を解消する以前にも、核兵器禁止条約に参加する新しい政治を実現するために力を尽くすのが、私たちの立場です。

■「核の傘」から抜け出る

ただ、日本が核兵器禁止条約に加わるうえで解決しなければならない問題があります。それは「核抑止力」＝「核兵器の使用とその威嚇」を自衛の手段としないこと、すなわち「核の傘」から抜け出ることです。

核兵器禁止条約第一条（禁止）は、「核の傘」のように、他国の核戦力に防衛を依存することを、明文で禁止していません。しかし、「核の傘」は、アメリカに「核兵器の使用とその威嚇」を要請するものです。禁止条約の第一条（e）は、他国が核兵器の使用など禁止された行為をおこなうことを「援助、奨励、勧誘」することを禁じているので、この点に反する可能性があります。

日本は「核兵器を持たず、つくらず、持ちこませず」という非核三原則を国是としていますが、米国が「有事」と判断した際には、核兵器を日本に持ち込むことができる密約がいまも維持されています。*日本国内への核兵器の持ち込み、配備は、核兵器の「配置、設置、配備」を禁じた第一条（g）に違反します。これがアメリカの核兵器の使用とその威嚇への「援助」となるなら、第一条（e）への違反となります。

＊日本政府がアメリカとの間で、日本に寄港・飛来する米艦船・航空機に核兵器を搭載することを、「条約上の権利」として認めた秘密の取り決め。二〇〇〇年の国会審議で、日本共産党の不破哲三委員長（当時）がその存在を明らかにしました（「相互協力および安全保障条約　討論記録」一九六六年）。また、沖縄に配備した核兵器を本土返還までに撤去する一方、「重大な緊急事態」には再持ち込みの権利をアメリカに認めた密約も存在します（「日米共同声明に関する合意議事録」一九六九年）。二〇一五年に明らかになった米国防総省の文書は「危機の際に核兵器を（沖縄に）再持ち込みする権利」がいまも有効であることを示しています。核兵器を再び持ち込む基地として、嘉手納、那覇などとともに、辺野古をあげ、「いつでも使用できる状態に維持」するとしています。日本政府は、この「密約」は有効なものではないなどとして、破棄していません（外務省「有識者委員会」報告書二〇一〇年）。日本共産党は、「核抑止力」＝「核の傘」の鎖を断ち切ること、「日米核密約」を廃棄して、「非核三原則」を厳守・法制化するなど、名実ともに「非核の日本」に進む実効ある措置をとることを強く求めています。

したがって、日本が禁止条約に加盟し、それを誠実に履行するためには、「核の傘」から離脱する（アメリカの核抑止力に依存しない）ことを宣言する必要があります。さらに、アメリカの核兵器の配備、持ち込みの可能性をなくすためには、日米核密約の破棄と「非核三原則」の厳守・法制化が求められます。

■「核の傘」を懇願する日本

ここで強調しておきたいことは、「核の傘」はアメリカが当然のこととして日本に提供しているのではなく、日本政府の側から「お願い」しているという事実です。

そのことを衝撃的に示したのが、二〇〇九年二月二五日に米議会で開かれた「米戦略態勢に関する諮問会議」（以下「諮問会議」）での日本政府代表の発言でした。

日本側は、日本周辺の情勢は、「米国の核抑止を含む抑止を必要としている」と述べて、「戦略核弾頭の大幅削減に関しては、事前の日本との密接な協議が絶対不可欠だ」などと、事実上、核兵器の削減に反対する姿勢を示したのです。それどころか、撤去が予定されていた水上発射型核巡航ミサイル・トマホークにかわる兵器の配備や地下施設の破壊を目的にした地中貫通型兵器など具体的な兵器名をあげて、アメリカの核態勢強化を求めました。日本側のこうした露骨な発言には、その場にいた米側の委員も「われわれが今聞いたことは、びっくりさせるものだ」と述べたほどでした。*

* 会議は非公開でおこなわれましたが、米科学者団体「憂慮する科学者同盟」のグレゴリー・カラーキー氏が、日本政府の文書発言や議事概要を入手して、明らかになりました。

「諮問会議」の内容が報告された米上院軍事委員会公聴会（二〇〇九年五月七日）の議事録は次のように記しています。「特に日本の代表は、米国の『核の傘』としてどんな能力を保有すべきだと自分たちが考えているかについて、ある程度まで詳細に説明した。ステルス性があり、透明で迅速であることだ。彼らはまた、堅固な標的に浸透できるが、副次的被害を最小化し、爆発力の小さな能力を望んでいる」。

当時、「核兵器のない世界」をめざすと宣言したオバマ政権のもとで、核兵器の役割の「縮小」が検討され、一部の核兵器の退役などもすすめられていました。こうした動きに不安を抱いた日本政府が、「核の傘」への確約を求め、しかも、どんな核兵器が必要かまで具体的に示したのです。

アメリカは、他国に核攻撃をすれば、自国（あるいは在日米軍基地）が核兵器で報復される可能性があります。そのようなリスクを冒してもなお、日本のために核兵器を使うことは決して簡単なことではありません。それだけに、「核の傘」に依存すればするほど、日本政府は、その確かな保障を求めることになるのです。

「諮問会議」の翌年（二〇一〇年）から、「核の傘」もテーマとする「日米拡大抑止協議」が開かれるようになります。これは、防衛と外務の閣僚による日米安保協議委員会（二プラス二）の下につくられた審議官レベルの協議の場です。「地域の安定を向上させる最も効果的な方法（核能力によるものを含む）を決定する協議の機関として、定期的な二国間の拡大抑止協議」（同二プラス二共同発表）を開く、とされていますが、詳細は公表されていません。元政府高官は「米国に完全に頼る核をどう使うか、米側に注文をつける場が必須だった」と語っています。

しかし、アメリカは日本の注文を聞くだけのお人よしではありません。「核の傘が必要なら、日本は何をするのか」と要求を高めるのは当然です。

周知のように、二〇一四年には集団的自衛権をめぐる憲法解釈の変更を閣議決定し、二〇一五年の安全保障法制＝「戦争法」で、自衛隊の役割を拡大し、海外でのアメリカの戦争に協力する態勢を強化しました。安保法制に関わった防衛省幹部はこう述べています。「日本が核以外の部分で貢献することが、結果的に米国による『核の傘』の保障を高めることにつながるという認識が前提にあった」[*]。

＊　朝日新聞二〇二〇年四月三〇日付。

■トランプ政権下の「核の傘」

日本政府はこうしたオバマ政権での体験をふまえて、トランプ政権には、「政権発足間もない時期に『核の傘』の担保をとっておく必要があった」[*1]と考えていたのです。そして、二〇一七年二月の日米首脳会談が、「日本の外務防衛当局にとって、米国のトランプ政権との間では『核抑止』をめぐり（中略）最大の勝負どころ」[*2]だと考えました。

安倍首相とトランプ米国大統領が発表した共同声明は、「核及び通常戦力の双方によるあらゆる種類の米国の軍事力を使った日本の防衛に対する米国のコミットメントは揺るぎない」ことを表明しました。外務省は、共同声明に核抑止力が明記されたのは、一九七五年八月の三木武夫首相とフォード大統領以来の成果だ、と喜びました。「北朝鮮のミサイル発射や核実験といった脅威の増大の中で、もう一度核抑止力にも言及しようということで入った」（森健良・外務省北米局長）ということです。[*3]

＊1　朝日新聞二〇二〇年四月三〇日付。
＊2　朝日新聞二〇一七年一二月二八日付。
＊3　外務省の森健良・北米局長が二〇一七年二月一四日、自民党外交部会などの合同会議で説明（朝日新聞二〇一七年二月一五日付）。

このとき共同声明に「核戦力」で日本を防衛することを明記させた「立役者」が、実は二〇〇九年の「諮問会議」で米側を「びっくり」させる発言をした秋葉剛男外務審議官（当時）でした。その後、彼は、外務省の事務方トップの事務次官に上りつめます。

トランプ政権は二〇一八年に発表した核戦略、「核態勢見直し」（NPR）で、オバマ政権が退役させた水上発射型核巡航ミサイルの後継機を開発すると発表しました。日本政府がこれを「高く評価する」と歓迎したのは（河野太郎外相〔当時〕談話、二〇一八年二月三日）、ある意味「わが意を得たり」といったところだったのでしょう。しかもNPRでは「必要な場合、米国はDCA（非核両用戦闘機）を北東アジアなどの他地域に配備する能力を持っている」としています。日本への核持ち込みの危険が今も存在しているわけです。

こうした一連の事態は、先に紹介した河野元幕僚長の発言を裏付けるものとなっています。「核の傘」という危険な幻想にしがみつく日本政府は、アメリカの要求に応えるために、憲法を踏み破り、国民の税金を膨大なアメリカの武器購入に浪費しようとしています。しかも、その道は日本の安全をより大きな危険にさらすものでしかないのです。

5 「威嚇」をめぐる国連会議の議論

核兵器禁止条約を推進してきたオーストリアのトマス・ハイノッチ大使が、核兵器禁止条約に参加しても「核の傘」の下にとどまれると述べたと、報じられました（朝日新聞デジタル二〇一七年八月九日付）。

ハイノッチ氏は、「（禁止項目にある「使用の威嚇」とは）核の使用に向けた動きを見せるなど『具体的な行為』が対象だ」と述べたうえで、「条約は『脅す』という行為を禁止する。（『核の傘』という『脅し』を根幹とする）安全保障体制に加わっていること自体は『具体的な行為』とはいえない」と述べたとしています。カッコの中の文章は編集者の補足だと思われます。したがって、ハイノッチ氏の言葉だけを見る限り、彼は「使用の威嚇」にあたる具体的行動と、「安全保障体制に加わっている」という問題を区別しているだけです。「核の傘」のもとにあっても条約に参加できる、と主張しているのではなく、軍事同盟に参加していることが、ただちに禁止条約と矛盾するものではない、と主張しているとみるべきだと思います。

ハイノッチ氏が指摘した問題は、国連会議でも議論となりました。第二会期で第一条（禁止項目）が検討されたとき（二〇一七年六月一六日と一九日）に、「使用の威嚇」が争点の一つとなりました。

第一次案では、「使用の威嚇」は禁止事項に入っていませんでした。インドネシアは「核抑止力」を違法化するためには、「使用」とともに「使用の威嚇」を加えることが必要だと主張しました。また、核兵器使用の「準備」への参加も禁じることも提案しました。これはＮＡＴＯの「核共有」政策を禁ずることを意味しました。

これには、以下のように多くの国から支持が表明されました（発言順）。パレスチナ、アルゼンチン、タイ、グアテマラ、キューバ、カザフスタン、ブラジル、エクアドル、フィリピン、イラン、チリ、エジプト、ウガンダ、ベトナム、ナイジェリア、モザンビーク、ベネズエラ、バングラデシュ、シンガポール、赤十字国際委員会、アルジェリア、ペルー、南アフリカ。キューバは、「これを入れないと『威嚇』を合法化することになってしまい、そのような条文は受け入れることはできない」と強い口調で主張しました。

一方、「威嚇」ぬきの第一次案を支持したのは、リヒテンシュタイン、メキシコ、スイスにとどまりました。起草の中心を担ってきたコスタリカやオーストリアは平場の議論では、この点には触れませんでした。「威嚇」を明記すべきでないと主張する発言が少なかったのは、説得力ある理由がなかったからだと思われます。メキシコは「『使用の威嚇』は前文で言及された国連憲章に反映されている」と主張しましたが、これは明記しない理由にはなりません。むしろモザンビークやエクアドルは、「国連憲章でも明記されていることなのだから」と「使用の威嚇」の禁止を加えるべきだと主張しました。こちらの方が道理があります。「威嚇」をはずしたことは、「『核の傘』の下にある国々も条約に加盟できるようにする配慮」（前掲朝日新聞）だった、といわれています。しかし、この文言を外しただけでそうした国々が参加するとは考えられません。

このように非同盟諸国を中心に、参加者の大勢は「威嚇」も禁止すべきという立場でした。結果として、この方向で、条約が仕上げられることになりました。

ただ、条約をつくるうえでは、「何をもって『威嚇』というか、またどのように『威嚇』を禁じるのか」（マレーシア）という問題がありました。法（条約）で何かを禁止する場合、その行為は具体的で、明確でなければなりません。核兵器を積載した艦船や航空機を接近させることは、核による「威嚇」であることは政治的には明白です。しかし、どの程度の量と質の核兵器を、何キロまで接近させたら「威嚇」になるのかを定めることは困難です。トランプ米大統領は二〇一八年一月、北朝鮮の金正恩《キムジョンウン》朝鮮労働党委員長が自分の机には常に核兵器発射のボタンがあると述べたことに対し、自分の核兵器ボタンの方が「はるかに大きく、強力だ」とツイッターに投稿しました。この二人の言いあいが条約で禁じる「威嚇」といえるのかは難しいところです。

採択された条約は、「（核兵器を）使用する威嚇を行うこと」（threaten to use nuclear weapons）という文言になりました。国際司法裁判所の勧告的意見や関連する国連決議、ＷＨＯ決議はすべて「核兵器による威嚇」（threat of nuclear weapons）という表現を使っています。こちらの方が広い意味を持ちます。この文言の違いによって、問題が解決されたわけではありませんが、少なくとも「威嚇」が、単に核兵器をみせつけるだけでなく、実際の「使用」と結びついた行動であることが、規定されたのです。

核兵器の使用を前提にした「核の傘」は、禁止条約とは相容れません。ただし、条約第四条二項が核保有国に、条約に参加してから核兵器を廃棄する道を与えているように、「核の傘」のもとにある国が、条約参加後に離脱することも可能だと考えます（締約国会議での検討となるでしょう）。それがこの条約のオープンで、インクルーシブな精神だからです。

6　北東アジアの平和を構想する

「核の傘」の問題は、日本の安全をどう守るか、ということとあわせて考えなければなりません。この点で注目したいのは、日本以上に中国の「脅威」に直面する東南アジア諸国の戦略です。

■東南アジアの外交戦略

東南アジアの国々は、中国の南シナ海への進出、軍事拠点づくりに危機感を高めています。ベトナムやフィリピンなどが軍事費を急増させているのも事実です。しかし、東南アジア一〇カ国の軍事費（約四〇〇億ドル）は、中国（約二六一〇億ドル）の七分の一弱にすぎず、*軍事力で正面から対決できる規模ではないし、また、そのつもりもありません。軍事力は、最悪の事態にたいする「ヘッジ」（保険）であり、最大の力点は「外交力」にあります。

＊ Stockholm International Peace Research Institute, 27 April 2020.

島国が多い東南アジア諸国にとって、この地域で武力紛争が起きれば、経済や生活はたちどころにたちゆかなくなってしまい、その被害ははかりしれません。物流の寸断はコロナ禍以上の損害をもたらすでしょう。平和的環境で「成長」をとげつつあるこれらの国々にとって、そうした事態はなんとしても避けたいところです。しかも、ベトナム戦争のように、大国がからんだ紛争がおきれば、この地域の「小国」がそれをコントロールすることは不可能です。

それだけに東南アジア諸国連合（ＡＳＥＡＮ）は、紛争の平和解決という原則を堅持し、問題に外交で対応することを基本としています。これは、平和主義や理想主義の産物ではなく、この地域の現実をふまえた、リアリストとしての結論なのです。

その特徴の一つは、様々なレベルで対話を通じて、緊張の高まりを抑え、争いごとを外交解決のレールにのせていくことです。これは「コンセンサスを基礎にした、非衝突的な問題解決方法」であり、「ＡＳＥＡＮウェイ」＊と呼ばれます。

＊ "The "ASEAN Way": The Structural Underpinnings of Constructive Engagement". Logan Masilamani; Jimmy Peterson. Foreign Policy Journal. 15 October 2014, Retrieved 12 May 2015.

この政策の土台となっているのが、東南アジア友好協力条約（ＴＡＣ）です。一九七〇年代前半、米ニクソン政権下での米中の関係改善をうけて、ＡＳＥＡＮは、ベトナムなど「社会主義」陣営との関係づくりにふみだします。一九七一年に発表された「東南アジア平和・自由・中立地帯」（ＺＯＰＦＡＮ）宣言は、その新しい方向を示したものでした。そして、ベトナム戦争の終結の翌年（一九七六年）、初のＡＳＥＡＮ首脳会議を開催し、東南アジア友好協力条約を採択します。この条約は、主権・領土保全の尊重、外圧の拒否、内政不干渉、紛争の平和的解決、武力の行使とその威嚇の放棄、締約国間の効果的な協力などを「行動原則」にしたもので、その後のＡＳＥＡＮ外交の土台となりました。

この条約は当初、加盟国間の結束が目的でしたが、一九八七年の第三回ＡＳＥＡＮ首脳会議で東南アジア以外の国々も参加ができるようにしたのです。それは、自分たちの地域の平和と安全を守るためにも、大国をはじめこの地域にかかわるすべての国が、武力不行使の原則を受け入れることが必要だと考えたからです。他に例をみない創造的な外交戦略でした。

二一世紀に入ると、中国（〇三年）、ロシア（〇四年）につづいて、アメリカ（〇九年）がTACに加盟します。背景には成長する東アジア市場に参入しようとする大国の思惑もありました。東アジア首脳会議に参加するには、TAC締約国でなければならなかったのです。インド（〇三年）とパキスタン（〇四年）、日本（〇四年）、韓国（〇四年）と北朝鮮（〇八年）といった紛争案件をかかえる当事国も参加しました。地域組織である欧州連合（〇九年）も加入し、世界人口の六割近くをカバーする大きな枠組みへと発展しています。

もちろん、これで、武力行使の危険が完全になくなったわけではありません。しかし、紛争の平和的解決が基本である、というルールをうちたてたことは、軍事力によらない安全保障を実践していく大きな力となっているのです。

■地域の安全保障体制――ARF

ASEANには、欧州連合（EU）における欧州連合部隊のような軍事組織や常設の安全保障の機構はありません。しかし、安全保障問題を議論する枠組みとして一九九四年以来毎年、各国の外相が参加するASEAN地域フォーラム（ARF）が開かれています。これは「フォーラム」といわれるように、何かを決定し、執行する機関ではなく、あくまで意見交換の場です。集まった国々が、公式、非公式の議論や対話を通じて、信頼関係を醸成し、相互理解を促進することが目的です。

これも「ＡＳＥＡＮウェイ」の一つです。

ＡＲＦの加盟国はＴＡＣ参加国とほとんど重なるので、フォーラムに出れば、紛争の当事者たちが、なんの前提もなしに顔をあわせることになります。実際、日本の外相やアメリカの国務長官が北朝鮮の外相と接触する重要な機会となってきたのが、このＡＲＦの会議でした。

ＡＲＦやＡＳＥＡＮについては「議論ばかりで問題解決にすすまない」といった批判もあります。しかし、すぐに結論はでなくても、話し合うこと自体が、信頼を深め、衝突を避ける「安全装置」の役割を果たしているのです。

例えば、この地域には様々な領有権問題があります。それらの根本的な解決の前にも、建設的な対話と交渉で、信頼醸成がすすめば、国境を画定しなくても、資源開発や漁業、民間人の往来などは、個別の協定によってすすめることができます。そうした状況が前進すれば、武力行使に発展する可能性は下がり、領有権をめぐっても、理性的、建設的な話し合いが可能となっていくでしょう。これこそ、現実に即した、有効な安全保障政策です。

ＡＳＥＡＮは、ＡＲＦを将来、紛争の予防だけでなく、紛争を解決する任務をもった組織へと発展させることを展望しています。

■北東アジアの平和構想

わが国は憲法第九条で「武力による威嚇又は武力の行使は、国際紛争を解決する手段としては、永久にこれを放棄」しているわけですから、本来ならば、ASEAN以上に、武力によらない安全保障を真剣に考えなければなりません。アジア太平洋地域が「一層厳しさを増す安全保障環境にある」（令和元年〔二〇一九年〕「防衛白書」）のであれば、なおさらそのことが求められます。

日本共産党はASEANの外交戦略の研究や野党外交の経験もふまえて、第二六回党大会（二〇一四年一月）で、「北東アジア平和協力構想」を提唱しました。その主な柱は次のとおりです。

――武力行使の放棄や対話促進などを定めた北東アジア規模の「友好協力条約」の締結。

――北朝鮮問題に関する「六カ国協議」で核・ミサイル・拉致《らち》など諸懸案の包括的解決を図り、これを北東アジアの平和と安定の枠組みに発展させる。

――領土に関する紛争問題は冷静な外交的解決に徹し、友好的な協議・交渉を通じて解決する行動規範を結ぶ。

――日本の侵略戦争と植民地支配を反省し、歴史を偽造する逆流の台頭を許さない。

ここでいう北東アジア版「友好協力条約」とは、先に紹介した東南アジア友好協力条約の精神、原則を、日韓中朝と、この地域に深くかかわる米ロも含めた国々の間に確立しようというものです。

朝鮮半島の非核化交渉の先行きは不透明ですが、これを「北東アジアの平和と安定の枠組みに発展させる」という提起には重要な意義があります。現在、東アジアには、核兵器問題を協議する枠組みが存在しません。朝鮮半島の非核化を実現し、米中ロの核保有国がそれを担保するための措置（核兵器の不使用や持ち込みの禁止など）をとり、さらに、日韓朝への「核の傘」の提供を禁じ、北東アジアの非核化（非核地帯条約）も展望する――朝鮮半島の非核化交渉は、当面する北朝鮮の核問題を解決するだけでなく、こうしたところまで見通せる可能性を持っていると考えています。

すでに東南アジアや南太平洋は非核地帯となっています（東南アジア非核地帯条約〔バンコク条約、一九九七年〕、南太平洋非核地帯条約〔ラロトンガ条約、一九八六年〕）。これを北東アジアに広げることになります。

＊　＊　＊

日本が被爆国として、「自衛を核兵器に頼らない」立場を表明し、「核の傘」から脱して核兵器禁止条約に参加するならば、国際的にも大きな支持と共感を得るはずです。唯一の戦争被爆国であり、憲法九条をもつ国として知られる日本は、そのことによって国際社会の敬意を得て、外交力を飛躍的に高めるでしょう。それが結果として、日本の安全と北東アジアの安定と平和を保障する力となるに違いありません。

川田忠明（かわた　ただあき）

1959年生まれ。日本共産党中央委員会平和運動局長。日本平和委員会常任理事、原水爆禁止日本協議会全国担当常任理事などを務める。日本平和学会会員。東京大学経済学部卒業。

著書に『それぞれの「戦争論」——そこにいた人たち 1937・南京—2004・イラク』（唯学書房、2004年）、『名作の戦争論』（新日本出版社、2008年）、『社会を変える23章　そして自分も変わる』（新日本出版社、2015年）。共著書に Ralph M. Luedtke, Peter Strutynski “Neue Kriege in Sicht”〔目の前の新しい戦争〕（Jenior Verlag、2006年）、自治労連・地方自治問題研究機構編『脱日米同盟と自治体・住民——憲法・安保・基地・沖縄』（大月書店、2010年）、小沢隆一・丸山重威編『民主党政権下の日米安保』（花伝社、2011年）、多喜二・百合子研究会編『多喜二・百合子・プロレタリア文学』（龍書房、2019年）など。

市民《しみん》とジェンダーの核軍縮《かくぐんしゆく》——核兵器禁止条約《かくへいききんしじようやく》で変《か》える世界《せかい》

2020年 9月30日　初　版

著　者　川　田　忠　明
発行者　田　所　　稔

郵便番号　151-0051　東京都渋谷区千駄ヶ谷4-25-6
発行所　株式会社　新日本出版社
電話　03（3423）8402（営業）
03（3423）9323（編集）
info@shinnihon-net.co.jp
www.shinnihon-net.co.jp
振替番号　00130-0-13681

印刷　亨有堂印刷所　　製本　小泉製本

落丁・乱丁がありましたらおとりかえいたします。

ISBN978-4-406-06505-4 C0031　Printed in Japan